Die Pölzers

Eine sozialdemokratische Familien-Saga

Bibliografische Information der Deutschen Nationalbibliothek
Die Deutsche Nationalbibliothek verzeichnet diese Publikation in der
Deutschen Nationalbibliografie; detaillierte bibliografische Daten
sind im Internet über http://dnb.d-nb.de abrufbar.

© 2014 by edition les.arten im Verlag new academic press
A-1160 Wien
www.newacademicpress.at

ISBN 978-3-99036-004-0

Das Titelblatt zeigt Johann Pölzer mit Gattin Amalie und den Kindern Alois,
Amalie und Johann jun.
Quelle: Familienarchiv Pölzer

Satz: Peter Sachartschenko
Druck: Prime Rate, Budapest

Die Pölzers

Eine sozialdemokratische Familien-Saga

erzählt von Fritz Keller

Nicht lachen, nicht weinen – verstehen!

Baruch de Spinoza

nap new academic press

Inhalt

Dank für Rat und Tat von Alfred Barton, Gerd Callesen, Ruth Contreras, Walter Farthofer, Rosa-Maria Griedner-Bednarik, Marcus Franz, Jana Koverová, Eva Nagl-Pölzer, Peter Pölzer, Helga Porpaczy, Hubert Preissler.

Vorwort

Traditionell werden Familiengeschichten vom Adel, bestenfalls von großbürgerlichen Familien (fort-)geschrieben. Das vorliegende Buch befasst sich hingegen mit der Geschichte der sozialdemokratischen Familie Pölzer von der Zeit der Habsburgermonarchie bis in die Zweite Republik. Die Begründer des Clans, Amalie und Johann Pölzer sen. waren eng mit der (tschechischen) Lebenswelt im Arbeiterbezirk Favoriten verbunden, standen zugleich aber mit den Parteiintellektuellen wie Victor und Friedrich Adler, Robert Danneberg, Ludo Hartmann, Karl Renner und anderen im ständigen Gedankenaustausch. Durch diese Zwitterstellung entwickeln sich die Pölzer's zu „Drehpunktpersonen" (Rolf Schwendter) zwischen den beiden unterschiedlichen kulturellen Milieus.

Mehr noch: Zusammen mit vielen Gleichgesinnten errichten die Mitglieder dieses sozialdemokratischen Familien-Clans durch ihre vielfältigen Aktivitäten das Fundament für jene Partei-Organisation, die die Illegalisierung durch den (Austro-)Faschismus übersteht und noch bis heute mitunter politisch wirksam ist, obwohl der Sozialtypus von Menschen, die ihr Leben bedingungslos der Sozialdemokratie (oder anderen Kollektiven) unterordnen, verschwunden ist.

Die heutige Realität hat also die hier erzählte Geschichte längst überholt. Lohnt sich trotzdem die Auseinandersetzung mit den Anfängen und der Entwicklung unserer Sozialdemokratie? Ich denke schon. Denn, wer nach Alternativen zum Gegenwärtigen sucht, sollte wissen, woher er kommt. Und die Bedeutung von gelebter (internationaler) Solidarität wächst mit der globalen Krise von Tag zu Tag.

Fritz Keller

Kinder von Ziegeleiarbeitern in Favoriten
Quelle: Verein für Geschichte der Arbeiterbewegung

Die Anfänge

In einem muffigen Souterrain-Kellerlokal in der Alxingergasse 18 im Wiener Arbeiterbezirk Favoriten hält der sozialdemokratische Kandidat der Juristerei Karl Renner (nachmaliger Bundespräsident und -kanzler) im Oktober 1892 seinen ersten „Parteivortrag" unter dem Titel „Geschichte der menschlichen Produktion" ab. Die meist jugendlichen Zuhörer folgen seinen Ausführungen mit Enthusiasmus und sind auch von der Tanzmusik von einem verstimmten Klavier in einem benachbarten Saal nicht zu irritieren. Durch den Vortrag und die anschließenden Diskussionen bestärkt in ihrer Überzeugung ‚der Zukunft getreue Kämpfer zu sein, verlangen sie immer wieder eine Verlängerung des Kurses, der schließlich erst nach siebenmonatiger Dauer am 1. Mai 1893 sein Ende findet. Inmitten dieser Aufbruchsstimmung lernen sich zwei junge Parteiaktivisten kennen und bleibend lieben, obwohl sie aus unterschiedlichen sozialen Milieus stammen und die Frau den männlichen Partner intellektuell überragt:

Amalie Baron gehört von ihrem familiären Hintergrund her zur „Arbeiter-Aristokratie". Diese Etikette charakterisiert einen Kreis von Personen, die mit tagtäglicher Agitation als Vertrauensmänner und -frauen ein zuverlässiges Bindeglied zwischen dem von Intellektuellen dominierten Vorstand der zur Jahreswende 1888/89 gegründeten Sozialdemokratischen Arbeiterpartei Deutsch-Österreichs und den Basismitgliedern schaffen.

Schon der **Großvater Franz Baron**, von Beruf Ziegeleiaufseher und angeblich verwandt mit dem legendären Favoritner Sandler Baronkarl, versteckt 1888 Victor Adler unter Milchkannen und schmuggelt ihn auf diese Weise in die Brennerei der Wiener-

Ziegeleiarbeiter
Quelle: Verein für Geschichte der Arbeiterbewegung

berger Ziegelwerke, wo der als „Ziegel-Behm [Böhme]" verklei-
dete, nachmalige Parteivorsitzende verweilen und Material für
seine Sozialreportage „Die Sklaven von Wien" sammeln kann.

Der Arbeitstag dauert bis zu 15 Stunden und das sieben Mal die
Woche. Obendrein wird der Lohn – nach dem englischen
Trucksystem – in „Blech" ausbezahlt, das nur in den firmeneige-
nen Fabrikskantinen gegen Lebensmittel, Zigarren und Alkohol
zu überhöhten Preisen eingetauscht werden kann. Nächtigen
müssen die Arbeiter und Arbeiterinnen in Baracken, für die sie
Zins zu entrichten haben. In manchen Zimmern schlafen bis zu
zehn Familien – Männer, Frauen, Kinder. Hier wird gezeugt und
geboren. Die Unverheirateten werden in nicht mehr benötigten
Ringöfen oder Hütten untergebracht. So schlafen in einem großen Raum 40 bis 70 Personen auf Holzpritschen, die notdürftig
mit alten Fetzen oder Stroh abgedeckt sind. Ratten, Wanzen, Flö-
he, Läuse sind als ungebetene Gäste allgegenwärtig. Die Veröf-

fentlichung dieser Fakten trägt Victor Adler eine Strafe von 30 Gulden und die unverbrüchliche Freundschaft der tschechischen Ziegelarbeiter ein, was bei Wahlen besonders wichtig ist, da die tschechische Volksgruppe einen Anteil von mehr als 20 Prozent der Bevölkerung Favoritens stellt.

Amalies Vater Josef Baron ist von Beruf Tischler und arbeitet in den Südbahn-Werkstätten. Er ist eifriger Leser der sozialdemokratischen Presse. Wunschtraum seiner als aufrechte Sozialdemokratin erzogenen Tochter ist eine Ausbildung zur Köchin. Vor dem 16. Lebensjahr werden jedoch in dieser Branche keine Mädchen aufgenommen. Ihre Mutter entscheidet, die Tochter zunächst einen anderen Beruf lernen zu lassen – Amalie wird Weißnäherin. Das heißt früh mit der Arbeit anfangen und fast nie aufhören, ohne im Beruf wirklich ausgebildet zu werden. Sie lernt das Sprichwort „Lehrbub und Besen ist ein Wesen" verstehen. Erst nach einem halben Jahr wird sie mit Stücklohn angestellt. Tief bückt sie sich über die Nähmaschine. Pfeilschnell dreht sich das Rad. Je rascher der Fuß sich bewegt, desto mehr Stiche setzt die Nadel. Und es sind schöne Dinge, die durch die Maschine laufen: zarter Batist, zierliche Spitzen und feine Stickereien. Nach der ersten Woche erhält sie sechs Gulden. Voller Freude über dieses selbstverdiente Geld gibt sie ihren Plan, Köchin zu werden, auf – wohl auch, weil ihr vor einer abermaligen Lehrzeit graust.

Amalie Baron (genannt „Maltschi") lässt sich – unterstützt von ihrem Vater – in den Verein „Bildungsquelle" einschreiben. An ihrer Arbeitsstelle muss sie diese Aktivitäten verheimlichen, denn die „Sozis" gelten bei den Kolleginnen als „Proleten-Gesindel". Um abends zu irgendeiner politischen Versammlung in den großen Festsälen oder Gaststätten wie Schwender, Dreher, „Goldenen Luchs" oder in den Arbeiter-Bildungsverein gehen zu können, muss sie ständig lügen, um den von der Betriebsleitung häufig geforderten Überstunden zu entgehen. Ihre Leistungsfähigkeit leidet

zudem unter der Gewohnheit, bis ein Uhr nachts in der Küche ihrer
Eltern bei nahezu abgedrehter Lampe zu lesen. Amalie löst all diese Probleme, indem sie sich selbstständig macht. Jetzt kann sie ungehindert zu den Sitzungen und Versammlungen gehen. Sie wird
Funktionärin in der Unterrichtssektion der „Bildungsquelle" und
kümmert sich um die Bibliothek. Im Zuge ihrer Teilnahme an
Branchenversammlungen, die zum Zwecke der Gründung von Gewerkschaften als Gegengewicht zu den Unternehmer-hörigen „In-
teressenvertretungen" abgehalten werden, wird sie zur Schriftfüh-
rerin der Gewerkschaft der Bekleidungsindustrie und Ob-
mann-Stellvertreterin des Frauen-Lese- und Diskutier-Klubs „Li-
bertas" bestellt. Sie organisiert auch die Teilnahme von Frauen aus
allen Bezirken bei einer Massenversammlung am 9. Juli 1893 vor
dem Wiener Rathaus mit, wo eine Ersetzung des nach Stand und
Steuerleistung gegliederten Kurienwahlrechts durch ein freies, un-
mittelbares, gleiches, geheimes und persönliches Wahlrecht gefor-
dert wird.

Amaliens Liebhaber **Johann Pölzer** stammt aus dem südmähri-
schen Alt-Petrein (Starý Petřín), einem im deutschen Sprachgebiet
liegenden Kuhdorf mit 60 strohgedeckten Kaluppen und rund 300
Einwohnern in der Nähe von Znaim.

Die nächste Eisenbahnstation ist 22 Kilometer entfernt. Pölzers
Vater ist Wagnermeister und Keuschler. Armut zwingt seine Eltern, den Schani von Kindesbeinen an als „Kleinknechtl" bei einem Jahreslohn von fünf Gulden und einer Zubesserung – ein Ta-
schentuch und Strümpfe – zu verdingen. Ab dem sechsten Lebensjahr ist Schani Ministrant.

In der Schule erreicht er trotzdem die Lernziele für Vierzehnjäh-
rige bereits mit zehn. Für einen befreundeten Jugendlichen
schreibt er eine Hausarbeit über Napoleon ohne jegliche Unterla-
gen und Lernbehelfe, die mit „sehr gut" benotet wird. Ein junger

Bauernhof um 1900
Quelle: Historisches Archiv Hardegg

Alt-Petrein (heute Starý Petřín)
Quelle: Historisches Archiv Hardegg

Ortspfarrer will dem begabten Jungen unbedingt ein Stipendium in Brünn verschaffen, damit er ebenfalls Geistlicher werden kann. Die Eltern sind tief gläubig und unterstützen daher diesen Plan aus ganzem Herzen. Jedoch scheitert alles an der beharrlichen Ablehnung des Buben. Und der ist für seine rebellische Sturheit bekannt – widersetzt er sich doch dem Pfarrer auch in einer anderen Sache. Er unterläuft das vom Geistlichen verkündete Verbot der Teilnahme von Jugendlichen unter 14 Jahren bei „sündhaften" Tanzveranstaltungen, indem er sich mit Gleichgesinnten in einem Bauernhaus einsperrt und mit Musik von einem mit Seidenpapier überzogenen Kamm und einer Mundharmonika vergnügt.

Bauernhof in Alt-Petrein (heute Starý Petřín)
Quelle: Historisches Archiv Hardegg

Da niemand in Erwägung zieht, das Stipendium auch für ein anderes Studium zu verwenden, bringt die auf das bestmögliche Fortkommen ihres Schanis bedachte Mutter den Jugendlichen zu einem Landsmann in Wien. Auf Kost und Quartier soll er zum Schneider ausgebildet werden. Praktisch heißt das: auskehren, aufwaschen, Botengänge für die Meisterin, einheizen, Kohle und Brennholz schleppen, Lasten tragen, Dienstbote sein vom frühen Morgen bis in die tiefe Nacht, kein Augenblick des Verschnaufens, kein Ausgang, kein Lichtblick, kein freundliches Wort. Während der Lehre kommt er in der Schlossgasse in Wien-Margareten zum ersten Mal mit Politik in Berührung. Sein Lehrherr ist nämlich ein begeisterter Gefolgsmann des Christlichsozialen Karl Lueger, der sich mit antisemitischen Parolen als selbsternannter Retter des Kleingewerbes aufspielt. In der Schlossgasse befindet sich auch die Redaktion von „Delnicky Listy (Arbeiter-Blatt)". Von dort wird der deutsche Bauernbub mit sozialdemokratischen Broschüren in seiner Muttersprache versorgt.

Ein Zufall führt Johann Pölzer dann mit dem späteren Obmann der Gewerkschaft der Kleidermacher und sozialdemokratischen Abgeordneten Johann Smitka zusammen. Der nimmt den Lehrling zu Parteiversammlungen in die „Brez'n" mit, die aufgrund der in der Monarchie seit 1884 geltenden diktatorischen Ausnahmegesetzen als Bildungsvorträge getarnt werden müssen. Nach Beendigung seiner Lehrzeit zieht Schani nach Wien-Favoriten. Der Zwanzigjährige tritt seiner Schneider-Gewerkschaft bei und bemüht sich um die Genossenschafts-Krankenkasse. Er lebt in der Hasengasse als Untermieter der niedrigsten Klasse: ein „Bettgeher", der, weil oft arbeitslos, nicht weiß, wie er die Miete für seine Schlafstelle aufbringen soll. Trotz dieser widrigen Bedingungen will der Aufmüpfige sich nicht in sein Schicksal fügen. Er will lernen, er will mehr wissen, um das Schicksal in eigene Hände zu nehmen. In den von Ludo Hartmann eingerichteten volkstümlichen Universitätskursen ist er ein häufiger Teilnehmer. Mit seiner Jugendliebe Amalie verbindet Johann über die persönliche Sympathie hinaus eine Lebensmaxime: „Ein Festtag ist für mich, wenn die Partei Grund hat, sich zu freuen." Beide denken und fühlen als „Parteikinder".

Zur Realisierung dieser Maxime muss die zur Jahreswende 1888/89 in Hainfeld nach heftigen inneren Querelen gegründete

Sozialdemokratische Arbeiterpartei in Österreich

erst einmal auf ein solides Fundament gestellt werden. Die Dringlichkeit einer solchen organisatorischen Bündelung des Unmuts wird bei spontanen sozialen Ausbrüchen deutlich. So kommt es 1893 nach einem Streik in der heutigen Laaerbergstraße zu regelrechten Straßenkämpfen zwischen der berittenen Polizei und tausenden arbeitslosen Jugendlichen, die von Bewohnern der angrenzenden Häuser lautstark angefeuert werden.

- Ein erster wichtiger Schritt beim Organisationsaufbau ist, den 1. Mai 1890 als Tag der Arbeitsruhe, des Kampfes für den Acht-Stunden-Tag, zu begehen. Es gibt noch keinen gesetzlichen Feiertag. Im Gegenteil. In jedem Betrieb, in jeder Fabrik muss die Freistellung erst erkämpft werden. Von Unternehmerseite wird den Streikenden mit Aussperrungen und Entlassungen gedroht. Kaiser Franz Joseph höchstdero selbst unterstützt im Ministerrat den kapitalistischen „Herr im Haus"-Standpunkt – schon das Verlangen auf Freigebung des 1. Mai ist in seinen Augen ein illegaler Akt. Die Organisatoren der Mai-Feiern veranlassen die Arbeiter daraufhin, die Absicht des Feierns den Unternehmern drei Tage vorher, am besten schriftlich, bekanntzugeben, um Entlassungen vorzubeugen. Als die Verantwortlichen der geplanten Demonstration (Victor Adler sitzt gerade wieder einmal im Gefängnis ein) akzeptieren, durch tausend Ordner selbst für den reibungslosen Verlauf der Veranstaltung zu sorgen, dürfen sie sogar über den Ring marschieren, allerdings ohne rote Fahnen.

- Einen weiteren bescheidenen Schritt in die angepeilte Richtung setzen Amalie und Johann zusammen mit anderen jungen Favoritnern 1894 durch die formelle Gründung einer Bezirksorganisation der Sozialdemokratie im Gasthof Menzel in der Götzgasse. Der Bezirksparteiobmann übt sein Gewerbe nicht in der Schreibstube, sondern im Umherziehen aus. Ihn kann man am ehesten dort finden, wo es gerade irgendeine Aufregung gibt, an einer Straßenbahnhaltestelle, wo die Leute wegen des Wartens auf die „Elektrische" schimpfen, beim Greißler, wo gerade über die aktuellen politischen Ereignisse „dischkutiert" wird, auf der Wachstube, wo er für einige wegen verbotenem Plakate-Klebens verhafteten Jugendlichen interveniert, im Tschocherl, wo er beim Tarockieren den Leuten politischen Verstand beizubringen sucht, oder in seiner Wohnung, wo er alljährlich zu den Weihnachtsfeiertagen für alle Hungrigen aufkocht und dabei dem Kartenspiel huldigt. Durch diese Aktivitäten kennt bald der ganze Bezirk den Pölzer-Schani, wie er vertraut genannt wird. (Dass „Schani" ein vom französischen „Jean", einem Synonym für Diener, abgeleiteter Name ist, wird in Wien kaum registriert.)

Der Volksschulabsolvent ist kein blendender Redner, keine faszinierende Persönlichkeit, der die Massen in ihren Bann zieht. Aber er ist ein einfacher Mensch von unbestechlicher Redlichkeit und voll tiefstem Mitgefühl für die Unterdrückten. Er spricht ihre Sprache, er lebt unter ihnen, er weiß aus eigener Anschauung am besten, wo die Arbeiterfamilien der Schuh drückt. Er betrachtet die persönliche, freundschaftliche Anleitung der Genossen als seine Pflicht. Seine Wohnung steht jedem, der Rat sucht, von der fünften Morgenstunde bis in die späte Nacht hinein offen.

- Gleich nach der erfolgreichen Organisationsgründung in Favoriten startet der Schani einen erfolgreichen Brotboykott gegen die Ankerbrot-Fabrik in der Absberggasse. Konfliktauslöser ist die Aussperrung einiger Bäckereiarbeiter, die unmenschliche Zustände in der Fabrik anprangern. Ein massiver Umsatzeinbruch zwingt Ankerbrot schließlich zum Nachgeben. Eine Acht-Stunden-Schicht wird eingeführt und die Gehilfenorgansation de facto als Tarifpartner anerkannt.

- Aufgrund seiner durch diese Aktionen gewonnenen Popularität entsendet 1895 der Gehilfenausschuss Schani in den Vorstand der Genossenschafts-Krankenkasse. Im selben Jahr übernimmt er die Funktion eines Ortsgruppenobmanns der Gewerkschaft in Wien-Favoriten.

- Der nächste Schritt ist die Schaffung einer Tageszeitung als kollektiven Organisator. Wieder ist das Paar voran, wenn es gilt, jene zehntausend Gulden, die für das tägliche anstelle des 14-tägigen Erscheinens der Arbeiter-Zeitung ab dem 1. Jänner 1895 unbedingt notwendig sind, zu erschnorren. Mehr noch: Maltschi und Schani helfen zusammen mit anderen Aktivisten, der Polizei bei den häufigen Konfiskationen des Blattes ein Schnippchen zu schlagen. Trotz behördlicher Beschlagnahme erreicht deshalb die Arbeiter-Zeitung in Reisekörben, Einkaufstaschen und Tragkörben versteckt meist die Abonnenten. Schani qualifiziert sich auf diese Weise für eine Berufsstellung als „Adminstrations-Beamter" der Arbeiter-Zeitung.

- Der praktische Nutzen dieser Arbeiter-Zeitung zeigt sich beim Streik von 10.000 Wienerberger Ziegeleiarbeitern vom 16. bis 27. April 1895. Das sozialdemokratische Blatt veröffentlicht zu Beginn des Ausstandes erdrückendes Material gegen die Wienerberger Bau- und Ziegelgesellschaft. Die täglichen Schilderungen der Ereignisse im Streikgebiet und die Berichte über das

Verhalten der Polizei und Gendarmerie halten dann während des Arbeitskampfes die öffentliche Anteilnahme wach. Eine zwanzigprozentige Lohnerhöhung ist der Preis für diese innige Kooperation zwischen Arbeiter-Zeitung und den Streikenden.

- Als bei den Parlamentswahlen 1897 zum ersten Mal Arbeiter für die neu geschaffene fünfte Kurie stimmberechtigt sind, scheint ein sozialdemokratischer Wahlerfolg greifbar nahe. Um diesen Einmarsch ins Parlament, in das alle Männer über 24 Jahre nunmehr 72 Vertreter entsenden dürfen (das ist weniger als die 5.000 Großgrundbesitzer), wird mit persönlichem Einsatz bis zum Letzten gekämpft. Ein beinahe religiöser Impetus treibt die Wahlkämpfer an. Amalie, die am Wahltag schwer erkrankt und das Bett hüten muss, fällt daher aus allen Wolken, als die Nachrichten von der Niederlage im eigenen und im Wahlkreis von ganz Wien bekannt werden. Sie wünscht sich den Tod, um nicht mehr auf die Straße gehen zu müssen. Ihre Gefühle teilt sie mit hunderten in den Rosensälen in der Favoritenstraße versammelten Genossen, die vor Wut und Schmerz über die Schlappe weinen wie die kleinen Kinder. Victor Adler hält eine ergreifende Rede, die mit den Worten schließt: „Wir sind unterlegen, aber nicht besiegt! Jetzt erst recht, morgen ist ein neuer Tag!"

- Schani setzt mit dem ihm eigenen Idealismus diese Worte in Taten um. Er übernimmt die Leitung der maroden Bezirksorganisation Favoriten. Das heißt: 383 Mitglieder und 20 Gulden Schulden! Nach einem Jahr hat der neue Obmann den Mitgliederstand auf fast 1.500 erhöht und die Finanzen in Ordnung gebracht, wobei der vermögende Parteikassier aus seiner Privatschatulle 20 Gulden als Unterstützung des Neustarts verschenkt. Aufgrund dieser Leistungen wird er ab 1899 in die niederösterreichische Landesparteivertretung, später in den Wiener Vorstand entsendet.

Diese Sanierung der Bezirksorganisation schafft Spielraum für
sein Lieblingsprojekt: die

Gründung eines Arbeiterheims

womit er die Tradition der Rauch- und Pfeifen-Klubs fortführen
will, in denen sich Arbeiter versammelten, die Agitation betrei-
ben und leidenschaftliche Diskussionen führen wollten. In dieser
Frage kann er allerdings nicht mit der bedingungslosen Unterstützung seines Mentors Victor Adler rechnen. Denn der Parteivorsitzende bezweifelt zunächst die Finanzierbarkeit des Pro-
jekts. Eine Mehrheit im Parteivorstand opponiert außerdem wegen der Beispielsfolgen, d.h. dem Verlangen nach gleichartigen
Institutionen in anderen Wiener Bezirken. Doch Pölzer und Co.
sind nicht zu bremsen. Eifrig sammeln sie Gulden um Gulden.
Spendenbücher, Bausteine, Sammellisten werden als Werbemit-
tel eingesetzt. Adler gibt persönlich fast die Hälfte seines Vermögens her. Richtig in Schwung kommt das Projekt trotzdem erst,
als Victor Adler den Besitzer der Ottakringer Brauerei, Moritz
von Kuffner, erfolgreich um einen Kredit bittet. Das überzeugen-
de Argument ist: Wenn der Bierbaron schon zur Volksbildung
eine Sternwarte sponsert, hat er vielleicht auch etwas Geld für ein
Arbeiterheim übrig. Trotzdem verzögert sich schon die Erwer-
bung des Bauplatzes bis zum Herbst 1898. Die Baubewilligung erfolgt am 1. August 1901. Am 14. November 1901 erfolgt die Dach-
gleiche. Am 6. September 1902 wird das Arbeiterheim in der Laxenburgerstraße mit einem Theatersaal mit 1.200 Sitzplätzen,
fünf kleineren Sälen, einem Turnsaal und zehn Klubzimmern eröffnet. Der Konsumverein ist hier ebenso untergebracht wie die
Arbeiterkrankenkasse, die Zentralbibliothek und eine Gaststätte.
Die Feierlichkeiten beginnen mit einer Versammlung sämtlicher
Vertrauenspersonen des Bezirkes und einer Festrede von Victor
Adler:

„So mancher, der in diesem Saal ist, wird sich noch erinnern, wie wir begonnen haben, wird sich der langen Nächte erinnern, wie wir in den elendsten Schlupfwinkeln gehaust haben, wie wir verfolgt, gehetzt, verachtet, verhöhnt waren in diesem Österreich, in diesem Wien."

Seiner Rede folgt ein Konzert des Ersten Wiener Zither-Bundes. Die Arbeiter-Zeitung berichtet voller Enthusiasmus über die „Eröffnung des Arbeiterheims in der Laxenburgerstraße Nr. 8–10":

„Heute ist ein Merktag für die Proletarier Wiens. Sie eröffnen das erste Haus, in dem sie zu Hause sind (...) ein Haus, das ihrer Gesamt-Organisation dient, ein Heim für ihre politische, gewerkschaftliche und wirtschaftliche Organisationsarbeit, eine eigene Stätte für ihren Kampf und ihre Freude. Das rote Haus in der Laxenburgerstraße wird den Wiener Arbeitern ein unentbehrlicher Sammelpunkt für das Parteileben in allen seinen Formen werden."

Die Freude bleibt nicht ungetrübt. Durch Wahlschwindel unterliegt Victor Adler seinem christlichsozialen Konkurrenten bei der Landtags-Stichwahl am 2. November 1902 mit 6.223 gegen 6.262 Stimmen. Bei einer Protestversammlung im Arbeiterheim beschwört der Parteivorsitzende die empörten Genossen, sich durch den Aufmarsch von 600 Wachleuten nicht provozieren zu lassen:

„Unsere Schädel sind zwar stark, aber die Polizeisäbel sind noch stärker. Lueger hat veranlasst, dass 600 Polizisten nach Favoriten dirigiert werden, tun Sie es mir zuliebe und gehen Sie ruhig und langsam nach Hause. Singen wir das ‚Lied der Arbeit' und gehen wir nach Hause."

Als die Versammelten diesem und einem weiteren Appell vom ersten Stock des Gebäudes folgen und langsam abziehen, marschiert plötzlich ein Zug von 200 Wachleuten vom Columbusplatz in Richtung Arbeiterheim. Der Pölzer-Schani geht auf den Revierinspektor mit den Worten zu:

„Ich bin der Obmann des Wahlkomitees und übernehme die volle Verantwortung für die Ruhe! Ziehen Sie ihre Leute zurück! Die Arbeiter sind schon im Fortgehen begriffen!"

Als Antwort zieht der Inspektor seinen Säbel. Die übrigen Polizisten folgen seinem Beispiel. Pölzer, der vor einem Glaser-Laden steht, wäre von den Säbeln getroffen worden, hätten ihn nicht Leute, die sich in dem Lokal befinden, durch das Fenster ins Innere gezogen. Dann dringen die Polizisten gewaltsam ins Arbeiterheim ein, stürmen über die breite Stiege des Festsaales in den ersten Stock hinauf, mit den Säbeln auf alles, was sie gerade treffen, loshauend. 15 Schwerverletzte und etliche Leichtverletzte bleiben nach Ende der Polizeiattacke zurück.

Landtags-Stichwahl zwischen Dr. Adler und den »Christlichen«, 7. November 1909 Wien X. Die Wache dringt ins Arbeiterheim Favoriten und haut mit blanker Waffe in die auf das Wahlresultat harrende Menge ein.

Quelle: Verein für Geschichte der Arbeiterbewegung

Die Reputation des von Victor Adler scherzhaft zum „Bezirkskaiser" von Favoriten gekrönten Johann Pölzer ist zu diesem Zeitpunkt bereits so groß, dass in kritischen Situationen ein Otto Bauer, ein Robert Danneberg, ein Karl Renner und andere Partei-Granden das fast schon geflügelte Wort sagen: „Ich muss darüber mit dem Pölzer sprechen!"

Victor Adler mit dem Schani (rechts der Mitte) bei einem Volksfest am Laaer Berg in Wien-Favoriten
Quelle: Verein für Geschichte der Arbeiterbewegung

Als anerkanntes Stimmungsbarometer für die Volksseele wagt Schani seinem Mentor gegenüber sogar dann und wann deutliche Manöverkritik:

„Nach meinem Gefühl muss eine Partei wie die sozialdemokratische, auch wenn sie noch so groß geworden ist, soferne sie in lebendiger Verbindung mit dem Volksempfinden bleiben soll, auf einer gewissen Krawallhöhe erhalten werden!"

Was aber nicht heißen soll, dass der Schani sich zum Radikalen gewandelt hat. Ganz im Gegenteil. Wie sein den Paternalismus der Erwachsenen- gegenüber der Jugendorganisation verteidigender Redebeitrag am sozialdemokratischen Parteitag 1902 in Aussig deutlich macht, geht es ihm um die Effektivität, nicht um die Abschaffung der Kontrolle:

„Es müssen einige ältere Genossen sein", sagt der 30-jährige da, *„die die jungen Menschen beaufsichtigen und sie immer auf den richtigen Weg lenken"*.

Inmitten all dieser Turbulenzen heiraten Johann und Amalie. Auf der Hochzeitsfeier am 18. Februar 1898 ist striktes Alkoholverbot angesagt, denn das Brautpaar folgt kompromisslos der Maxime des Arbeiter-Abstinenzler-Bundes „Trinkender Arbeiter denkt nicht – denkender Arbeiter trinkt nicht."

Ihrer Ehe entspringen drei „Parteikinder", die – gleich ihren Eltern – treue Sozialdemokraten werden: **Amalie Strauss-Ferneböck** (1899–1987) wirkt sofort nach Schulabschluss als Sekretärin Karl Renners und enge Vertraute seiner Familie. (Sie wird den Ministerialbeamten Ludwig Ferneböck heiraten, der – wegen seiner Wohnung als „Halbjude" von Nachbarn denunziert – verhaftet und am 24. Dezember 1942 im KZ Mauthausen ermordet wird.)**Alois Pölzer** (1897–1957) wird bereits im Alter von 18 Jah-

Johann und Amalie Pölzer
Quelle: Familienarchiv Pölzer

ren von seinen Eisenbahnerkollegen zum Vertrauensmann gewählt werden und Schritt für Schritt vom Telegrafisten zum
Oberinspektor aufsteigen; nach 1945 wird er beim Wiederaufbau
der Gewerkschaft dabei sein und es 1952 zum Obmann der Sozial-
versicherung der österreichischen Eisenbahnen bringen. In die
Geschichte dieser Institution wird er durch den Ausbau der an-
staltseigenen Einrichtungen der erweiterten Heilfürsorge einge-
hen. Für seine Kollegen wird er außerdem als Aufsichtsrat der
Spar- und Darlehenskasse österreichischer Eisenbahnbediens te-
ten und der österreichischen Beamtenversicherung aktiv. Der am
2. August 1903 geborene jüngste Spross, **Johann Pölzer jun.**, wird
nicht nur dem (Spitz-)Namen nach in die Fußstapfen seines Vaters treten. Er erbt auch dessen rebellischen Geist: Auf den älte-
ren Bruder, der den Jüngsten mit der Behauptung hänselt, er wäre
das Kind des Kohlenhändlers, prügelt er wie besessen ein. Spinat,
den er partout nicht essen will, wirft er einfach samt Teller aus
dem Fenster …

Die „Bezirksmutter" Amalie bedauert öffentlich, dass sie sich wegen ihrer drei kleinen Kinder der Organisation zu wenig widmen
kann. Bei dieser Aussage handelt es sich um eine Untertreibung.
Denn trotz der Belastung durch Partei, Lohnarbeit, Haushalt und
Kindererziehung absolviert sie einen Rednerinnenkurs und bemüht sich, wissenschaftliche Bücher zu lesen – zuallererst August
Bebels „Frau und der Sozialismus". Die im Selbststudium erwor-
benen Kenntnisse setzt sie gleich in mit „a.p." gezeichneten Buch-
besprechungen in der Rubrik „Frauenliteratur" im theoretischen
Organ der Sozialdemokratie „Der Kampf" um.

Schreiben Amalie Pölzers an „Sehr geehrten Genossen Dr. Adler" über Termin-Schwierigkeiten
Quelle: Verein für die Geschichte der Arbeiterbewegung

Und wie ein kleiner Blick auf einige ihrer organisatorischen Aktivitäten außerdem zeigt, ist sie trotz Mutterpflichten beinahe Tag und Nacht für die Sozialdemokratie unterwegs:

- Ihr Name befindet sich unter den Einberuferinnen der vom 9. bis 10. April 1898 stattfindenden Ersten Frauen-Reichskonferenz, die den sozialdemokratischen Männern das Recht auf Wahl selbständiger Frauen-Sektionen abringt. (Ein relativer Erfolg, denn trotz dem Recht der Obfrauwahl auf allen Ebenen wird von Partei- und Gewerkschaftsseite strikt darauf geachtet, dass bei allen Sitzungen Genossen anwesend sind, um jede Spur eines „schädlichen weiblichen Separatismus" zu verhindern.)

- Als Gegengewicht zum 1901 populären „Luegerschen Amazonenkorps" (dem sich aus christlichen Hausfrauen rekrutierenden Wiener Frauenbund) gründet Amalie einen Verein sozialdemokratischer Frauen und Mädchen. (Die Partei steht dieser Wahlpropaganda zunächst wohlwollend zur Seite, tritt jedoch jeder Gründung von Ortsgruppen zur Gewinnung nicht organisierter Hausfrauen und Heimarbeiterinnen vehement entgegen.)

- 1902 übernimmt sie die Funktion der Vorsitzenden der sozialdemokratischen Frauenorganisation in Niederösterreich.

- Amalie ist Teilnehmerin der Zweiten Frauenkonferenz der sozialdemokratischen Frauen Österreichs am 8. November 1903, die unter dem Motto „Was fordern die Arbeiterinnen Österreichs?" steht. Anwesend sind Vertreterinnen aus 30 Wiener Organisationen, 19 Delegierte aus der Provinz, männliche Vertreter der Parteivertretung, der Gewerkschaftskommission und der Landesparteivertretung sowie Gäste aus Deutschland und Ungarn.

- 1913 – ihr jüngstes Kind ist gerade zehn Jahre alt – liest sie den Männern in der Partei gehörig die Leviten. Ihrer Meinung nach „muss noch viel zur Erziehung der Männer getan werden". „Alle Mängel" fährt sie fort, „die unsere Organisationen aufweisen, könnten schon lange beseitigt sein, wenn allen Männern, die sich zur Partei zählen, unser ganzes Parteiprogramm zu Fleisch und Blut geworden wäre. Die theoretische Erziehung (...) fehlt vielen Parteigenossen in puncto Frauenfrage. Vielen fehlt die Erkenntnis, dass zum Aufstieg des Proletariats die Emanzipation der Frau notwendig ist."

Maltschis Gatte ist inzwischen zum Obmann der niederösterreichischen Landesparteivertretung avanciert (nach der von den christlichsozialen Bauern verlangten Abtrennung des „Roten Wiens" von Niederösterreich 1922 wird er Vorsitzender der gesamten Wiener Organisation). Zudem ist er Aufsichtsrat im Bezirks-Konsumverein Favoriten, später Mitglied des Vorstandes des Konsumvereins „Vorwärts" usw. usf. Als Bürgermeister Karl Lueger die am 1. Mai im Prater Aufmarschierenden in Bausch und Bogen im Landtag „Lumpen" und „Lausbuben" nennt, hält der Pölzer-Schani im Arbeiterheim eine „Lumpen-Versammlung" ab, die – nach ähnlichen Veranstaltungen – hilft, einen „Protestgang" der „Lumpen" am 24. Oktober 1904 über die Ringstraße vorzubereiten.

Privatleben existiert für die Eheleute fast nicht mehr. Gemeinsam begeben sich die Pölzerschen am 29. Oktober 1905 zum Parteitag der Wiener Sozialdemokraten. In Gedanken sind sie weit weg von Wien. In Russland hat das Volk eine gewaltige Sturmflut der Revolution entfesselt. Der Zarismus, die stärkste Bastion des Rückschritts in Europa, wankt. „Russisch reden" wird zur populären Losung der österreichischen Arbeiter. Mitten in die Rede des Parteitagsdelegierten Wilhelm Ellenbogen über die Forderung nach dem allgemeinen Wahlrecht platzt eine Nachricht: Der Zar

Quelle: Verein für Geschichte der Arbeiterbewegung

hat dem aufrührerischen Volk ein Parlament sowie Presse- und Versammlungsfreiheit zugestanden. Ohrenbetäubender Jubel ist die Antwort der Delegierten. Revolutionsgesänge brausen durch den Saal. Tschechen und Polen singen deutsche Lieder, die Deutschsprachigen stimmen die Marseillaise an. Und dann folgt ein gewaltiger, gemeinsamer Ruf: „Heraus mit dem Wahlrecht!"

Am 28. November 1905 stehen die Räder in ganz Österreich still. In eindrucksvollen Schweigemärschen ziehen die Arbeiter mit roten Fahnen und Transparenten durch die Dörfer und Städte. In Wien marschieren 250.000 Männer und Frauen (der „Zug der Viertelmillion") in einer fünfstündigen Demonstration am Parlament vorbei.

Schani und Maltschi sind selbstverständlich in vorderster Linie mit dabei. Das Kaiserhaus fürchtet die Ansteckung durch die russische Revolution und gibt nach.

Quelle: Verein für Geschichte der Arbeiterbewegung

Allgemeines Wahlrecht für Männer

Ein Wermutstropfen dieses Erfolgs ist allerdings das verweigerte
Frauen-Stimmrecht, wie Klara Zetkin bei einer vom Frauen-
reichskomitee im Arbeiterheim am 21. April 1908 einberufenen
Versammlung über „Frauenfrage und Sozialismus" kritisch an-
merkt.

Bei der Wahl 1907 gewinnt die Sozialdemokratie mit Bravour die
Durchbruchsschlacht. 86 Sozialdemokraten ziehen in die erste
Volksvertretung ein. Sie bilden die stärkste Partei des Hauses und
die Christlichsozialen können sie nur durch Geschäftsordnungs-
tricks von dieser Stellung verdrängen. Bei den Landtagswahlen
1908 werden Renner und Pölzer in die gesetzgebenden Institutionen geschickt. Die beiden Favoritner Mandatare betreten Neu-
land und stehen Widersachern gegenüber, die mit allen parlamentarischen Wassern gewaschen sind. Doch wenn die Christ-

Teuerungsdemonstration am 10. Februar 1910 in Wien
Quelle: Verein für Geschichte der Arbeiterbewegung

lichsozialen, die Liberalen und die Großgrundbesitzer glauben, mit den roten Möchtegernen leichtes Spiel zu haben, irren sie. Pölzer und Co. wachsen schnell in ihr neues Tätigkeitsgebiet hinein. Sie studieren Gesetz und Recht und übertreffen mit ihren Kenntnissen schnell die stolzen Herren, die ihre Weisheiten von Juristen und anderen Fachleuten frei Haus geliefert bekommen.

Trotz einer Vielzahl funktionsbedingter öffentlicher Auftritte inner- und außerhalb des Landtages entwickelt sich der Schani nicht zum zündenden Redner. Ab und zu passiert ihm ein in vornehmen Kreisen lapsus linguae genannter Versprecher. Am bekanntesten und oft belächelt ist sein Ausspruch während einer Denkmaleinweihung. Er tritt vor das noch nicht enthüllte Bauwerk hin, sagt, was man eben bei solchen Anlässen sagt, und spricht schließlich die feierliche Formel aus: „So falle die Hülle ...". Nein, gerade das sagt er nicht, sondern er ruft in seiner Aufregung: „Und so hülle die Falle!"

1914 bringt die Katastrophe des

Ersten Weltkriegs (1914–1918)

diese schrittweise Reformarbeit mit dem Ziel einer neuen Gesellschaftsordnung zu einem abrupten Ende. In der Sozialdemokratie setzt eine heftige Diskussion über die weitere Vorgangsweise ein: Soll versucht werden, mit der Organisation zu überwintern, wie Victor Adler vorschlägt? Soll man angesichts der Umwandlung des Arbeiterheims in eine Kaserne samt Ausspeisung für die kriegsdienstleistenden Arbeiter einfach zur Tagesordnung übergehen? Oder soll, wie Victors Sohn Friedrich Adler fordert, angesichts des Massenschlachtens die Parole „Friede den Hütten, Krieg den Palästen!" ausgegeben werden? Es sind die Pölzers, die

Jimmie-Higgins-Getreuen*, die Tag und Nacht, Jahr um Jahr ihre Kompanien und Bataillone zusammenhalten, mit den Zornigen zornig sind, mit den Hadernden hadern, die Verzweifelten aufrichten, die Unvernünftigen vernünftig machen, die Stimmung und Missstimmung der Massen teilen und denen die 1888/89 in Hainfeld errungene Parteieinheit über alles geht. Einen wesentlichen Beitrag zur Realisierung dieses Einheitsmythos leisten die Genossinnen in der Frauenhilfsorganisation. Maltschi und ihre Mitarbeiterinnen werden für Tausende Leidende und von Not Heimgesuchte, zu Beraterinnen und Helferinnen.

Gegen Kriegsende kümmern sich die Sozialdemokratinnen verstärkt um die Problematik der in den Waffenschmieden zahlreich beschäftigten Frauen, deren Arbeitsplätze nach Kriegsende von Männern beansprucht werden, und die Massen der Hungernden. Bei einer „Frauenfriedensversammlung" am 21. Jänner 1917, die von Amalie Pölzer und Gabriele Proft geleitet wird, kündigen die Sozialdemokratinnen gleichzeitig den Burgfrieden öffentlich auf:

„Der Friedensgedanke ist lebendig geworden, und was immer die Staatsmänner der Entente oder die siegeswütigen und eroberungslustigen Helden des Hinterlandes hier oder anderswo vom weiteren Kampf bis zum Sieg reden mögen, der Friedensgedanke kann nicht mehr ertötet werden. Schier unfassbar ist der Gedanke an neue Offensiven, an die neue Hinschlachtung der Menschheit. Zu tief ist das Leid, das Hunderttausende zu tragen haben, zu qualvoll die Wunden, die der Krieg schon geschlagen hat, als dass es möglich wäre, noch einmal die Notwendigkeit des Krieges zu begreifen."

Schani teilt die klare Antikriegsposition seiner Gattin nicht. Die Familie ist in einen „rechten" und „linken" Flügel gespalten. In

---

* In dem 1919 publizierten Roman „Jimmie Higgins" schildert Upton Sinclair die unermüdlichen Aktivitäten eines Sozialisten aus „Reih und Glied" in der Ortsgruppe Leesville der Sozialistischen Partei Amerikas.

L i e s i n g ,im Dezember 1920.

Sehr geehrter Herr L a n d e s r a t !

Anläßlich Ihres Abgehens als Referent
für das Armenwesen,erlaubt sich die gefertigte Leitung des
Vereines der n.ö.Bezirksarmenratsbeamten,für die dieser Standes-
gruppe durch Ihr tatkräftiges Einschreiten errungenen Vorteile,
den herzlichsten und wärmsten Dank zum Ausdrucke zu bringen.

Die gesamte Kollegenschaft bedauert
herzlichst Ihr Abgehen,da sie es selbst mitempfunden hat,daß einzig
und allein nur Ihr persönliches Einsetzen,die Verbesserung ihrer
materiellen Lage zeitigte.

Mit steter Dankbarkeit werden sämtliche
n.ö.Bezirksarmenratsbeamten ihres Förderers und Bahnbrechers gedenken.

Da die Gefertigten wissen,daß Ihnen
dieses Schreiben mehr Freude bereiten dürfte als eine Ernennung
zum Ehrenmitgliede unseres Vereines,wurde von letzterer Umgang
genommen.

Mit dem Wunsche Ihres ferneren Wohler-
gehens,der Versicherung immerwährender Dankbarkeit und treuen Ge-
denkens,zeichnen

mit aller Achtung

für den Verein der n.ö.Bezirksarmenratsbeamten:

I.Obmannstellvertreter.   Obmann.   II.Obmannstellvertreter.

Schriftführer.   Kassier.   Schriftführer.

Quelle: Familien-Archiv Pölzer

einer Versammlung in „seinem" Arbeiterheim wird der Schani
wegen seiner Mäßigung von radikalen Arbeitern aus dem Arsenal
als „Verräter" und „Räuber" ohne Rückgrat und ohne Mut be-
beschimpft. Pölzer kontert in einem Redebeitrag auf dem Parteitag
im Oktober 1917 mit der Frage, „ob diejenigen, die heute links stehen, schon unter den Pferden der Dragoner gelegen sind". Dem
Vorwurf, die Partei in einen „Wohlfahrtsverein" zu verwandeln,
entgegnet er:

„Alles, was geschieht, bedeutet nichts für diese Genossen, so die Tä-
tigkeit für die ungezählten Kriegsleister. Viele sind statt um 7 Uhr
um 9 Uhr in die Fabrik gekommen, weil sie sich so lange um Lebens-
mittel anstellen mussten, und sind deshalb bestraft worden. Als wir
nun, um diese Strafen zu vermeiden, den Lebensmittelverband
gründeten, sagten diese Genossen: Das ist gar nichts, das ist nicht
revolutionär – dass die Leute etwas zu essen haben, ohne einge-
sperrt zu werden. Die Arbeiterschaft ist dafür nicht dankbar, sie re-
det ganz anders, und mir ist nicht bange, dass die erfahrenen Ver-
trauensmänner nicht so denken werden wie unsere Linke."

Als im Jänner 1918 wieder von der russischen Revolution beflügel-
te Massenstreiks ausbrechen, gehört der Pölzer-Schani zu jenen
sozialdemokratischen Funktionären, die die empörten Arbeiter
von der Notwendigkeit einer Verhandlungslösung für diesen
Konflikt überzeugen wollen. Revoluzzern in den eigenen Reihen,
denen der Bestand der Monarchie und der Sozialdemokratischen
Arbeiterpartei nichts bedeutet, hält er nach wie vor entgegen:

„,Hände weg, ihr jungen Herren, von der Organisation!' Sie mögen
es ganz ehrlich meinen, aber es sind auch solche unter ihnen, die,
wie es allmählich durchsickert, eine eigene Partei gründen wollen.
[...] Versuchen Sie es nur, die Arbeiterschaft wird sich schon selbst
ihren Richter machen und den Weg schon finden, dass die Organi-
sation aufrecht bleibt!"

Nach dem chaotischen

Zusammenbruch Österreich-Ungarns

und der Ausrufung der demokratischen Republik am 12. November 1918 reorganisiert der Pölzer-Schani zusammen mit dem späteren Sozialminister Anton Proksch die Jugendgruppe Favoriten. Binnen fünf Monaten steigert er die Mitgliederzahlen von 24 auf 1.200. Als Delegierter Favoritens gehört er außerdem den Arbeiterräten an – einem kurzlebigen Versuch, eine alternative, direkt-demokratische Herrschaftsform zu etablieren. Amalie praktiziert das eben von Frauen errungene Recht, in Vertretungskörper gewählt zu werden, durch ein Gemeinderatsmandat in Wien. Die Genossinnen und Genossen wählen sie sogar in das Präsidium des Gemeinderatklubs.

Amalie Pölzer im Zentrum der zweiten Reihe
Quelle: Verein für Geschichte der Arbeiterbewegung

Quelle: Verein für Geschichte der Arbeiterbewegung

Maltschi ist mit Leib und Seele im Kuratorium der Krieger-Witwen und -Waisen und im Gemeinderatsausschuss für Wohlfahrtsangelegenheiten tätig. 1923 gründete sie die Frauenzeitschrift „Unzufriedene" mit. Stolz registriert sie die Tatsache, dass dieses Werbeblatt für die Idee des Sozialismus in Favoriten die größte Verbreitungsdichte hat.

Nach dem erwähnten Intermezzo als Arbeiterrat und einem kurzen Zwischenspiel als Landrat in Niederösterreich und Mitglied des provisorischen Wiener Gemeinderates wird der Pölzer-Schani bei den Wahlen zur konstituierenden Nationalversammlung 1919 für eine Kandidatur im Viertel unter dem Manhartsberg eingeteilt. Dort – wird argumentiert – befindet sich ja auch sein Geburtsort Alt-Petrein (Starý Petřín). Ohne Widerspruch beugt er sich der Parteiräson und überlässt die in Favoriten eroberten Mandate Friedrich Adler und Anton Hölzl. Er selbst stellt sich mit eiserner Disziplin den neuen Anforderungen. Kein Sonntag, an dem er nicht durch einige der insgesamt 420 Gemeinden seines Wahlsprengels zieht, eifrig bemüht, sich vom Repräsentanten der städtischen Industriearbeiter in den Vertreter der Kleinbauern, Landarbeiter und Siedler zu verwandeln. Und wenn er Montagfrüh heimkehrt, trifft er in der Eisenbahn mit seiner Frau zusammen, die gleichfalls von einer Agitationstour kommt. Was man sozialdemokratisches Familienleben nennt. Die restliche Woche setzt der Abgeordnete Pölzer sich in parlamentarischen Anfragen und Reden intensiv mit den Problemen seiner neuen Klientel auseinander: Immer und immer wieder macht er klar, dass Österreich kein Land der Kleinbauern ist, wie das von reaktionären Politikern stets behauptet wird, um eine Einheit des Landvolkes vorzutäuschen. In Wahrheit, führt er aus, verfügen in Niederösterreich die 2.600 Großbauern mit 50 bis 200 Hektar, die 54 Großgrundbesitzer mit 1.000 bis 2.000 Hektar und die zwölf Klöster über bedeutend mehr Grund und Boden als die 168.000 Kleinbauern.

Schanis besonderes Augenmerk gilt dabei den Ärmsten der Armen in der Landwirtschaft, wie zum Beispiel den Inwohnern: Das sind Landarbeiter, die im Haus des Bauern selbst oder in einer ihm gehörigen Unterkunft wohnen und die Miete in 20 bis 70 Tagen im Jahr abarbeiten müssen. Wenn der Tag zu 20.000 Kronen veranschlagt und von 30 Tagen Leistung ausgegangen wird, rechnet er vor, dann zahlen die Inwohner einen Mietzins von 600.000 Kronen – eine horrende Summe Geld, die nicht einmal die zahlungskräftigen Schieber auf der Wiener Mariahilferstraße für den ganzen ersten und zweiten Stock eines noblen Gründerzeit-Hauses aufbringen müssen.

Unermüdlich engagiert er sich in seinen Reden auch für die slowakischen Wanderarbeiter auf den großen Gütern. Die werden während der Erntezeit förmlich importiert und in unbeschreibliche Behausungen eingepfercht – Frauen und Männer, Burschen und Mädchen auf Holzpritschen durcheinander, ohne Rücksicht auf Hygiene und Moral. Die Folge dieses ungebremsten Anheuerns von ausländischen Wanderarbeitern ist immer, dass die Kleinbauern, Häusler und Pächter, die von ihrem eigenen Grund nicht mehr leben können, sich bei den Großgrundbesitzern gegen Taglohn verdingen müssen. Bei diesen Ausbeutungsmethoden machen die antisemitischen den jüdischen Großgrundbesitzern beim Lohndumping bedenkenlos die Mauer. Und die Herren der Latifundien sind sich außerdem darüber einig, dass alle österreichischen Landarbeiter, die sich erfrechen, einer Fachgruppe der Gewerkschaft oder gar einer sozialdemokratischen Parteiorganisation anzugehören, auf eine schwarze Liste gesetzt werden müssen.

Entsprechend seiner Mentalität ist der Nationalrat Pölzer jedoch kein Scharfmacher. „Leben und leben lassen" könnte seine urwienerische Handlungsanleitung sein. So erklärt er bei der Parlamentsdebatte über das Mieterschutzgesetz freimütig:

„Wir wissen ebenso gut wie Sie, dass die heutigen Mietzinse unhaltbar sind, dass die Häuser sehr leiden, dass sie reparaturbedürftig sind und dass das sicher für beide Seiten einen großen Schaden bedeutet."

In der Diskussion über das neue Weingesetz weist er einerseits im Hohen Haus auf die von ihm aufgedeckten ungeheuren Fälschungen mit 10.000 Kilo Zucker und Glyzerin bei Firmen in Mödling, Klosterneuburg und Graz sowie auf das Versagen der amtlichen Kellereiinspektoren in all diesen Fällen hin. Und er bringt auch die schwindelhafte Einfuhr angeblicher italienischer Tafeltrauben, die als Presstrauben Verwendung finden, zur Sprache. Andererseits wendet er sich gegen die Forderung mancher Weinbautreibenden, dass es ausschließlich Produzenten gestattet werden soll, aufzuzuckern. Ja, er akzeptiert sogar die Nicht-Kenntlichmachung aufgebesserten Weins im Hinblick auf die den Konsumenten zumutbaren Fachkenntnisse.

Schanis praxisorientiertes Engagement zeigt überraschende Wirkung. In einem Dörfchen namens Riegersburg bei Hardegg, in dem die Sozialdemokraten meist nur rund 30 von 200 Wählerstimmen verbuchen können, geschieht nach seiner kurzen, in einfachen Worten gehaltenen Ansprache etwas Einzigartiges. Ein alter Bauer steht auf und erklärt, er müsse – so schwer ihm das falle – einen Antrag stellen: Er beantrage, dass es nicht mehr statthaft sei, dass Riegersburg keinen Vertreter im Parlament habe. Der Pölzer solle sofort seinen Wohnsitz von Wien nach Riegersburg verlegen. Schanis vorsichtige Abwehrreaktionen bleiben vergebens. Nicht einmal der Kompromissvorschlag eines anderen Versammlungsteilnehmers, Pölzer solle, wenn schon nicht in Riegersburg, dann in Retz wohnen und dort sein Mandat ausüben, dringt durch ...

Am 20. November 1924 findet die Jahresversammlung der Wiener Frauenorganisation unter dem Vorsitz von Amalie Pölzer statt. Kurz darauf gesellt sich zur Zuckerkrankheit, an der Maltschi schon seit Jahren leidet, ein Darmleiden, das einen chirurgischen Eingriff unbedingt notwendig macht. Sie stirbt am 8. Dezember 1924 im dreiundfünzigsten Lebensjahr in einem städtischen Krankenhaus.

Ihr plötzliches Ableben hinterlässt eine fühlbare Lücke, ist sie doch Vorsitzende des Frauen-Reichskomitees, Mitglied des Wie-

Letzter Dank und Wunsch unserer langjährigen Obmännin:

„... Sollte es mit mir schlecht ausgehen, so danke ich auch allen Genossinnen und Korporationen für die viele Treue und Liebe ... arbeitet brav weiter!"

(Aus ihrem letzten Brief vom 4. XII. 1924 aus dem Krankenhaus an die Obmännin-Stellvertreterin Genossin Tony Alt)

ner Landtags und Gemeinderates mit den Schwerpunkten Wohl-
fahrtspflege, Jugendfürsorge und Gesundheitspflege, Vorsitzende
der Frauenorganisation Favoriten, führendes Mitglied im Fürsor-
geverband „Societas" und bei den Kinderfreunden. Am meisten
leiden an ihrem unerwarteten Abgang ihr Gatte und Mitstreiter
sowie die drei Kinder. Johann begräbt seinen Kummer mit Arbeit. Nur sein Herzleiden ist ein deutliches Signal, wie sehr Maltschis Tod den ersten Vertrauensmann Favoritens aus der Bahn
wirft. Es dauert zwei Jahre, bis seine Arbeitskraft wiederherge-
stellt ist. Wie ein Lauffeuer verbreitet sich dann allerdings die
Nachricht in ganz Favoriten: „Der Pölzer-Schani ist wieder da!"
Vom frühen Morgen bis in die späte Nacht ist er überall wie ehed-
em: Einmal in der Küche des Arbeiterheims, um zu sehen, ob sie
auch das „Bañ-Fleisch" genügend weich durchkochen und ob ge-
nug Speckknödel für den Mittagsbedarf da sind. Bald auf der
Straße, wo es irgendeinen Wirbel beizulegen gilt oder wo er dem
oder jenem Arbeiter einen Ratschlag erteilt, dann in einer Be-
zirkskonferenz, einer Sitzung des Schutzbundes, einer Betriebs-
versammlung, einem Sportfest, bald auf dem Bezirksamt oder
dem Magistrat oder sonst einer Behörde, um das oder jenes für
seine Favoritner zu erwirken ... 1927 übersiedelt Friedrich Adler
endgültig als Sekretär der Sozialdemokratischen Arbeiter-Inter-
nationale nach Zürich. Sein Mandat in Favoriten fällt an Schani,
der dadurch wenigstens seine anstrengenden Agitationsreisen
durch seinen Wahlkreis, das Viertel unter dem Manhartsberg,
einstellen und ausschließlich in seinem ureigensten Biotop

Rotes Wien

wirken kann. Dort ist gerade die Umsetzung des sozialdemokratischen Wohnbauprogramms in vollem Gang: Zwischen dem Bau
des Victor-Adler-Hofes 1923 und dem Ende der Bautätigkeit im
Jahr 1933 werden in Favoriten 43 sogenannte Volks-Wohnhäuser
mit 9.553 Wohnungen errichtet. Jede der durch Luxussteuern fi-

nanzierten Wohnungen mit für Arbeiter erschwinglichen Mieten (maximal vier Prozent des Durchschnittlohnes) hat ein Vorzimmer, Toilette, Wasser- und Gasanschluss, meist auch Balkon, Loggia oder Erker. Ein niedriger Bebauungsgrad garantiert ausreichenden Freiraum samt Besonnung. In den Anlagen finden sich Gemeinschaftseinrichtungen wie Badehäuser, Waschküchen, Kindergärten und Spielplätze, Gesundheits- und Sozialdienststellen, Büchereien, Postämter, Konsumfilialen, öffentliche Ausspeisungen und Gaststätten.

Ein weithin bekanntes Symbol des Roten Wien ist das von den Stadtarchitekten Karl Schmalhofer und Otto Nadel in dreijähriger Bauzeit im Art-Déco-Stil am Reumannplatz errichtete Amalienbad – mit einem Fassungsvermögen von 1.300 Personen das größte Hallenbad Europas. Das Glasdach der Schwimmhalle kann im Sommer binnen drei Minuten geöffnet werden und neben dem großen Becken gibt es Saunen, Wannenbäder, diverse Kureinrichtungen sowie Dachterrassen für Sonnenbäder. Zur Verfügung stehen außerdem Kabinen für Schlammbäder, für elektrische Bäder, Sole- sowie Gasbäder, für Massage, Hand- und Fußpflege, Heißdampf- und Heißluftkammern sowie nach Geschlechtern getrennte Friseurräume.

Nach der feierlichen Eröffnung mit einem internationalen Schwimm-Meeting am 8. Juli 1926 wird der „Badepalast" am Reumannplatz, im Zentrum Favoritens, zum jahrelangen Streitobjekt zwischen Verfechtern der Moderne und Ewiggestrigen, die sich nicht nur durch die Benennung des Bauwerks nach der verstorbenen Gefährtin des „Bezirkskaisers" Pölzer-Schani provoziert fühlen. Bekritelt werden dabei nicht irgendwelche Mängel des das Zentrum von Favoriten dominierenden Gebäudes. Im Gegenteil. Nach Meinung der Christlichsozialen ist das Bauwerk für seine Benützer viel zu nobel. Ihr Sprachrohr, die „Reichspost", schreibt:

*„Die Gemeindeverwaltung treibt einen Luxusaufwand, der mit ih-
rem Vernichtungskrieg gegen allen Luxus in schreiendstem Widerspruch steht. Die Steuergelder rieseln den Gemeindevätern nur so
aus den Händen. Auch Proletarier brauchen Bäder. Also baut man
ihnen einen kostspieligen Badepalast, in dem sie sich gar nicht hei-
misch fühlen".*

Die „Neue Freie Presse" bemängelt ebenfalls die Bausumme und
die Platzwahl, die geeignet erscheint, den „parteipolitischen Cha-
rakter (...) hervorzuheben".

Die Polemik um das Amalienbad ist nur ein Menetekel für die
wachsende Kompromisslosigkeit der Christlichsozialen und der
mit ihnen kooperierenden Heimwehren. Als Ziel der Rechten im
Land zeichnet sich mehr und mehr die Beseitigung des „Revoluti-
onsschutzes" des Jahres 1918, insbesondere der Sozialgesetzge-

Das neu erbaute Amalienbad – X. Reumannplatz
Quelle: Familienarchiv Pölzer

Eingang des Amalienbads nach Generalrenovierung 2013
Quelle: Fritz Keller

bung, ab. Vorbildwirkung hat dabei das faschistische Italien unter dem Duce Benito Mussolini.

Im März und April 1927 beschlagnahmt die Staatsmacht erhebliche Waffenmengen des Schutzbundes, die aufgrund einer Parteienübereinkunft mit den Christlichsozialen im Wiener Arsenal versteckt sind. Vor dem Gebäudekomplex versammeln sich aufgeregte Sozialdemokraten, die den Abtransport verhindern wollen.

Brand des Justizpalastes

Ein weiterer Meilenstein in Richtung autoritärer Staat sind die blutigen Tage des 15. und 16. Juli 1927. Im Zuge eines Aufmarsches der sozialdemokratischen Wehrformation Schutzbund im kleinen, kroatisch sprechenden, burgenländischen Ort Schattendorf töten Frontkämpfer, die diese Demonstration verhindern wollen, einen Kriegsinvaliden und ein achtjähriges Kind. Fünf weitere Menschen, darunter ein sechsjähriger Bub, werden mehr oder

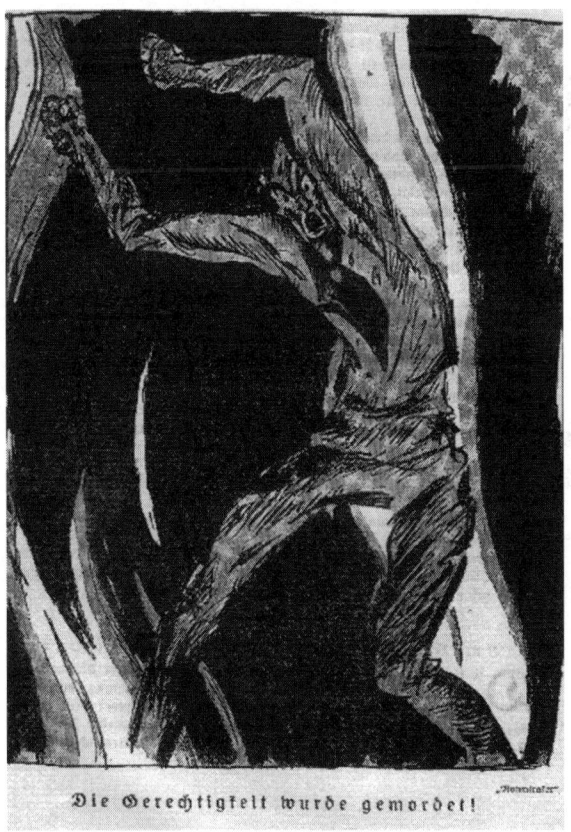

Die Gerechtigkeit wurde gemordet!

Quelle: Die Wiener Julitage 1927 – Ein Gedenkbuch von Julius Braunthal, Wien 1927

minder schwer verletzt. Die Mörder werden von einem Geschwo-
renengericht freigesprochen.

Die Nachricht von diesem Fehlurteil verbreitet sich am 14. Juli um
21 Uhr 30 wie ein Lauffeuer in den Wiener Arbeiterbezirken. Die
Nachtschicht der Elektrizitätsarbeiter bringt die Lawine ins Rol-
len. Die Belegschaft des E-Werkes ist eine Gruppe für sich, mit einem besonderen Solidaritätsgefühl, einem Esprit de Corps ausge-
stattet. Die E-Werk-Beschäftigten senden in einer spontanen Reaktion eine Delegation in das sozialdemokratische Parteihaus auf
der Rechten Wienzeile, um Rückendeckung für die von ihnen be-
absichtigten Streik- und Protestmaßnahmen zu erhalten.

Demonstrationszug der E-Werksarbeiter
Quelle: Verein für Geschichte der Arbeiterbewegung

Otto Bauer befindet sich zwar in der Zentrale, reicht aber die Abordnung an Friedrich Austerlitz, den Chefredakteur der Arbeiter-Zeitung, weiter. Der bietet nur die Einsichtnahme in den Leitartikel des nächsten Tages als Handlungsanleitung an. Um drei

Uhr morgens weckt die ratlose Delegation daraufhin den Bürgermeister Karl Seitz, der – gemeinsam mit dem Vorsitzenden des Schutzbundes Julius Deutsch – die Abordnung zu einem Kompromiss überredet: Die Bediensteten sollen es bei einer kurzzeitigen Abschaltung des Stromnetzes und einem Protestmarsch zum Parlament bewenden lassen. Es bedarf großer Mühe, für diese ausgehandelten Maßnahmen eine Mehrheit in der Vollversammlung der Betriebsräte zu finden. Diesem Gremium gehört auch Johann Pölzer jun. an, der schon seit Jahren in die Fußstapfen seines Vaters tritt: Der 24-jährige hat zu diesem Zeitpunkt bereits Volks- und Untermittel-Schule sowie die Werkmeister-Schule in einer Lokomotivfabrik in Favoriten absolviert. 1917 ist er in die Gewerkschaft und die sozialdemokratische Partei eingetreten. Er wird Obmann-Stellvertreter des Verbandes jugendlicher Arbeiter, 1922 jüngster Vertrauensmann in der Lokomotivfabrik und tritt 1924 in den Republikanischen Schutzbund und ins Wiener E-Werk ein, wo er es 1927 schließlich zum Betriebsratsobmann des Kraftwerkes Engerthstraße in der Leopoldstadt bringt – eine Anstellung und Funktion, die allgemein als besondere Auszeichnung gilt.

Nach einem „Bericht des Angestellten-Betriebsrates über den Demonstrationszug am 15. Juli 1927" sammeln sich die E-Werker um acht Uhr im Hof des Direktionsgebäudes in der Mariannengasse und ziehen von dort über die Alserstraße zur Universität, weiter zum Parlament und schließlich über die Lastenstraße, Josefstädterstraße, Langegasse, Spitalgasse mit einem Einsatzwagen an der Spitze in vollkommener Ordnung retour zur Direktion.

Auf ihrem Marsch stehen die Vertrauensleute der Demonstranten in ständigem Kontakt mit Sicherheitsorganen, die allerdings nur spärlich in Erscheinung treten. Das ist kein Zufall. Der Polizeipräsident (und spätere großdeutsche Bundeskanzler) Johannes Schober sorgt nämlich durch eine völlig unzureichende Präsenz von Einsatzkräften dafür, dass erregte Demonstranten anderer Be-

triebe fast ungehindert den Justizpalast – ein Symbol der verhass-
ten Klassenjustiz – stürmen und anzünden können. Damit liefert
er sich selbst den Beweis für die Existenz einer „bolschewisti-
schen Gefahr", vor der er dann das Land durch massiven Polizei-
einsatz rettet. Gewehre werden ausgegeben. Die Sicherheitsorgane schießen wahllos in die Menge.

Zurück bleiben 89 Tote, davon vier Polizisten. Die Zahl der Ver-
letzten wird mit mehr als 1.000 geschätzt. Gegen sechs Angehöri-

Sicherheitsorgane schießen wahllos in die Menge
Quelle: Verein für Geschichte der Arbeiterbewegung

ge der E-Werke werden polizeiliche Ermittlungen eingeleitet. Es wird behauptet, sie hätten einen Rüstwagen voller Kannen und Pechfackeln, Brecheisen und Demolierungswerkzeug aller Art zum Justizpalast gebracht, eine Behauptung, die sich später als Verleumdung herausstellt. Der christlichsoziale Bundeskanzler, Prälat Ignaz Seipel, kommentiert das Blutbad mit einem schroffen „Keine Gnade!".

Quelle: Die Wiener Julitage 1927 – Ein Gedenkbuch von Julius Braunthal, Wien 1927

Trotzdem verteidigt der Wiener Parteivorstand gemeinsam mit der Gewerkschaftskommission bei einer Vertrauensmänner-Versammlung am Sonntag, dem 17. Juli 1927, im Favoritner Arbeiterheim (in der Hochburg der Pölzers) den Einsatz des Schutzbundes gegen krawallisierende Demonstranten und zum Schutz der Feuerwehr.

Insgesamt ist die Sozialdemokratie um Beilegung des Konfliktes bemüht. Ein deutliches Zeichen für diese Haltung ist der Abbruch des Streiks der Eisenbahner, Donauschiffer, Post-, Telegraphen- und Telefonangestellten.

Republik-Feier des Parteivorstandes der sozialdemokratischen Partei 1928 (links außen Otto Bauer, im Zentrum Julius Deutsch und Johann Pölzer) Quelle: Verein für Geschichte der Arbeiterbewegung

Die Heimwehren in den Bundesländern reagieren konträr. Sie sehen in den blutigen Unruhen in Wien einen willkommenen Vorwand, sich zu sammeln und aufzurüsten. Und nach der – in ihren Augen – gelungenen Generalprobe setzen die Gamsbart-Faschisten immer wieder zu einem neuen Roll-back gegen die zurückweichende Sozialdemokratie an. Der wegen seiner Beteiligung am Mord an Rosa Luxemburg und Karl Liebknecht aus dem Deutschen Reich geflohene Major Waldemar Pabst organisiert provokative

Heimwehr-Aufmärsche

in allen „roten" Hochburgen: Bruck an der Mur, Knittelfeld, Rottenmann, Köflach, Wiener Neustadt (wo es am 7. Oktober 1928 zu einer Art angekündigtem Bürgerkrieg kommt), Sankt Pölten, Linz und letztendlich – am 25. Februar 1930 – auch in Wien. Die Sozialdemokratie versucht zunächst vergeblich, die Heimwehren durch Verzicht auf angemeldete Schutzbund-Aufmärsche zu gleichen Maßnahmen zu veranlassen, schließlich verzichtet die Partei überhaupt auf Gegenkundgebungen und bietet – wiederum erfolglos – die Entwaffnung aller Wehrformationen an.

Mit dem Ausbruch der Weltwirtschaftskrise und explodierenden Arbeitslosen- und Ausgesteuerten-Zahlen (1929: 280.000 / 1930: 350.000/ 1931: 400.000 / 1932: 510.000 / 1933: 600.000) verschärft sich die Gangart der Rechten in Österreich noch:

- Am 18. Mai 1930 verkünden die Heimwehren ein neues Programm, das unter dem Namen „Korneuburger Eid" bekannt geworden ist: *„Wir verwerfen den westlichen Parteienstaat und den Parlamentarismus (...) Wir kämpfen gegen die Zersetzung unseres Volkes durch den marxistischen Klassenkampf und liberal-kapitalistische Wirtschaftsgestaltung. Wir wollen auf berufsständischer Grundlage die Selbstverwaltung der Wirtschaft verwirklichen."*

- Am 13. September 1931 putscht die steirische Heimwehr unter ihrem „Führer" Walter Pfrimer. Trotz militärischer Erfolglosigkeit offenbart sich bei diesem Projekt die klammheimliche Zusammenarbeit der Exekutive mit den Aufständischen.
- Am 24. April 1932 feiern die Nazis als neue rechte Kraft einen triumphalen Sieg bei den Wiener Gemeinderatswahlen und bringen damit Heimwehren und Christlichsoziale unter Zugzwang.
- Am 4. März 1933 schaltet der christlichsoziale Engelbert Dollfuß das angeblich „arbeitsunfähige" Parlament aus und überträgt seine Kompetenzen an die Regierung. Bei persönlichen Verhandlungen mit dem Duce in Rom versichert sich der Kanzler der Zustimmung Mussolinis zu seinen weiteren innenpolitischen Maßnahmen zur Schaffung eines autoritären Ständestaates nach italienischem Vorbild.

Kirchenaustritt
Quelle: Familienarchiv Pölzer

Die Sozialdemokratie reagiert am 10. März 1933 mit einer riesigen Vertrauensmänner-Kundgebung – wiederum in der Hochburg der Pölzers, dem Favoritner Arbeiterheim. Otto Bauer warnt vor dem drohenden Kampf,

„den wir vor den Müttern dieses Landes nur verantworten können, wenn wir vorher alles getan haben, was eine friedliche Lösung auf der Basis der Volksfreiheit möglich macht".

Kanzler Dollfuß antwortet mit einem Verbot der Aufmärsche am 1. Mai und einer Fahnen-Verordnung, die das Hissen von roten Fahnen, Standarten und Wimpeln untersagt.

Bei einem vom 14. bis 16. Oktober 1933 im Favoritner Arbeiterheim abgehaltenen, vertraulichen Parteitag wird diese Linie noch konkretisiert. Die Sozialdemokratie wird nur dann zum offenen Kampf aufrufen, wenn einer der folgenden vier Fälle gegeben ist:

- Auflösung der Partei
- Verbot der Gewerkschaften
- Besetzung des Wiener Rathauses
- Oktroyierung einer neuen, auf faschistischer Grundlage ruhenden Verfassung.

Wie immer schlägt die Regierung Dollfuß alle Kompromissangebote aus. In ihren Augen liefert das Vier-Punkte-Programm geradezu den Aufmarschplan für die schrittweise Illegalisierung der Sozialdemokratie, auf die sie sich durch die Einführung der Todesstrafe im Standgerichtsverfahren am 10. November 1933 weiter vorbereitet.

Am

12. Februar 1934

wollen Aktivisten des von der Behörde bereits aufgelösten Schutzbundes unter ihrem Kommandanten Richard Bernaschek in Linz
die Haus- und Waffensuchen sowie Verhaftungen der Polizei
nicht länger erdulden. Und so beginnt an diesem Tag gegen den
ausdrücklichen Willen des Parteivorstandes ein militärisch aus-
sichtsloser Aufstand.

Quelle: Familienarchiv Pölzer

Pölzer-Schani ist zu dem Zeitpunkt schon ein todkranker Mann. Er liegt in der Herzstation und kann nur mühselig sprechen. Aber sobald er von den Kämpfen hört, schleppt er sich aus dem Bett und fährt nach Favoriten, überall ermutigend, tröstend. Er will einfach nicht wahrhaben, dass das, wofür er sein Leben hingegeben hat, von ein paar Maschinengewehren und faschistischen Mordbanden in ein paar Stunden zerstört werden kann.

Dass die wohlorganisierten 42.000 Mitglieder der stärksten sozialdemokratischen Bezirksorganisation plötzlich gar nichts zählen. Und doch ist es so: Das Arbeiterheim ist bereits von den Faschisten besetzt, Vertrauensmänner werden verhaftet, Kassen, Bücher beschlagnahmt. Es gibt kaum noch Verbindung zwischen der Kommandostelle des Republikanischen Schutzbundes im Favoritner Ahorn-Hof zu den örtlichen Kampftruppen und selbst diese Koordination endet schnell, weil sich Julius Deutsch sowie Otto Bauer bereits am 13. Februar ins benachbarte Brünn absetzen.

Bundesheer im Angriff
Quelle: Verein für Geschichte der Arbeiterbegung

IN DEN FEBRUARTAGEN 1934,
WÄHREND DES KAMPFES
FÜR DIE DEMOKRATIE IN ÖSTERREICH,
BEFAND SICH HIER
DIE KOMMANDOSTELLE
DES REPUBLIKANISCHEN SCHUTZBUNDES.

VON HIER AUS GING
OTTO BAUER
IN DAS AUSLAND,
UM DEN KAMPF FÜR DIE FREIHEIT WEITERZUFÜHREN.

ER STARB AM 4. JULI 1938 IN PARIS

SOZIALISTISCHE PARTEI ÖSTERREICHS
FEBRUAR 1974

Gedenktafel im Ahornhof, X. Bezirk
Quelle: Fritz Keller

An den Sammelpunkten des Schutzbundes herrscht heillose Verwirrung. Die Deckadressen wichtiger Waffendepots sind nicht in Erfahrung zu bringen. Der vorbereitete Botendienst durch Motorradfahrer bricht zusammen. Die Eigeninitiative von regionalen Schutzbundführern, die „ihre" Höfe verteidigen, kann dieses Manko nicht wettmachen, insbesondere, nachdem auch das Bundesheer in die Kämpfe eingreift. Ein Bataillon, bestehend aus 15 Offizieren und 195 Mann mit zehn leichten und sechs schweren Maschinengewehren, setzt sich in Richtung Trostkaserne in Bewegung. Eine Polizeiabteilung, bestehend aus 100 Wachebeamten und 40 Kriminalbeamten, schließt sich dem Militär zur Verstärkung an. Angesichts dieser Übermacht ergeben sich etwa 100 im Wasserturm verbarrikadierte Schutzbündler kampflos. Auch bei der Besetzung des Ahornhofes braucht die mitgeführte Artillerie nicht eingreifen. Nur von vereinzelten Heckenschützen behindert, die aber fast keine Wirkung erzielen, rücken Bundesheer und Polizei gegen den Gemeindebau vor.

Bundesheer im Angriff
Quelle: Verein für Geschichte der Arbeiterbewegung

Ab diesem Zeitpunkt gelingen den Aufständischen in Favoriten nur noch spektakuläre Rückzugsgefechte. Schutzbundabteilungen besetzen den Pernerstorfer-Hof, den Gemeindebau in der Quellenstraße 24a, die Ankerbrot-Fabrik, den Gemeindebau in der Kennergasse, die Rasenstadt, den Jean Jaurès-Hof und erobern Teile des George Washington-Hofes zurück.

Verhaftung eines Schutzbündlers
Quelle: Verein für Geschichte der Arbeiterbewegung

Doch im Grunde ist die Schlacht geschlagen. Pölzer-Schanis krankes Herz leidet angesichts der Niederlage auf seine Weise mit – es bricht. Trotzdem wird der Sterbende in seiner Wohnung in der Dampfgasse 35–37 am 15. Februar verhaftet.

Gedenktafel seit 25. April 1949
X., Dampfgasse 35–37
Quelle: Fritz Keller Quelle: Fritz Keller

Von dort wird der 72-jährige – nach einem Verzeichnis der Polizei der älteste „Februarrevoltant" – wieder in die Herzstation in der Pelikangasse 16–18 geschafft. Aber die Patent-Christen des

Klerikal-Faschismus (1934–1938)

wollen den alten Mann nicht einmal in Ruhe sterben lassen. Am 7. März 1934 wird er als Beschuldigter vernommen. Nach dem Protokoll dieses Verhörs verweist er auf die Angebote der Sozialdemokratie zur friedlichen Lösung der Konflikte, insbesondere auf die Beschlüsse des Parteitages im Oktober 1933. Die Opposition einer linksgerichteten Gruppe gegen diese Orientierung ist nach seinen Angaben ohne Fürsprecher im Parteivorstand gescheitert. Im letzten Vierteljahr ist nach Pölzers Angaben eine Vierer-Gruppe gebildet worden, die vergeblich versuchte, über den niederösterreichischen Landeshauptmann Wege zur Wiederherstellung der parlamentarischen Demokratie zu finden. An Namen kann er sich generell nicht erinnern. Während eines neuen schweren Anfalls wird er auf eine Bahre geschleift und ins Inquisiten-Spital transportiert. Dort liegt er mit Kriminellen in einem Raum zusammen. Seine Tochter rastet jedoch nicht eher, bis sie am 12. April seine Rückverlegung in die Herzstation durchsetzt. Dort sieht sie ihn noch einmal und er erzählt:

„ Waßt, aner von dö Kriminellen, mit denen i im Inquisiten-Spital beisammen war, war ein ganz guater Kerl. Er ist schon zwanzig Jahre im Zuchthaus gwesen. Aber wenn du wissen tätst, was der arme Hund für a Jugend ghabt hat, wies ehm dan gehetzt haben von Elend zu Elend und immer tiefer hinunter, dann tätst du a a Mitleid mit ehm haben. I hab ihn tröst, so guats halt möglich war. Und zum Abschied is er mir um den Hals gfalln und hat mir ein Busserl geben."

An der Grippe, die dieses „Busserl" überträgt, stirbt der Pölzer-Schani zwei Tage später, am 21. April 1934.

Als der im Landesgericht Wien, Abteilung 26, Zelle 121 inhaftierte Karl Renner vom Ableben erfährt, richtet er an Pölzers Tochter Amalie Strauss-Ferneböck aus dem Gefängnis ein Beileidschreiben, in dem es unter anderem heißt:

„Tausende und Abertausende Genossen des Bezirkes haben sich vom ersten Morgengrauen bis tief in die Nacht Rat, Trost und Hilfe, Belehrung und Erhebung beim Tisch, ja beim Bett Pölzers und Amaliens geholt. Ich kann dieses Leben nicht besser bezeichnen denn als apostolisches Wirken. Das Bild dieses Lebens, dieses Vorbild, hat mehr als alles gelehrte Schrifttum in mir die Überzeugung gekräftigt, dass der Sozialismus siegen wird. Es galt mir immer als Ergänzung: uns, die wir mit dem Wort und der Feder wirken, denen der Sozialismus zunächst Wissenschaft ist, führt diese Art des Dienstes an der Sache weitab vom Einzelmenschen und von der Tagesarbeit; dass es Vertrauensmänner gibt wie Pölzer, macht erst die Bewegung ganz, ohne solche ist all unser Bemühen Schall ohne Widerhall."

Über sein Begräbnis berichtet die nun in Brünn hergestellte und nach Wien geschmuggelte, illegale Arbeiter-Zeitung:

„An der Einäscherung Pölzers nahmen tausende Arbeiter teil. Ein Kranz mit roten Schleifen wurde konfisziert. Als der Sarg in die Tiefe sank, wurden ihm hundert rote Nelken nachgeworfen. Es ertönten Freiheits-Rufe und es erhoben sich die Fäuste. Nach der Feierlichkeit bewegte sich ein langer Zug der Stadt zu."

Wie schon beim Justizpalast-Brand hält Johann Pölzer jun. während des Februar-Aufstandes die sozialdemokratische Familienehre hoch. Als Betriebsratsobmann des E-Werkes in der Engerth-

straße und langjähriges Mitglied des Republikanischen Schutzbundes führt er am 12. Februar 1934 um 11 Uhr 45 jenen Schaltvor-
gang, der die Stromversorgung Wiens lahmlegt, durch. Einige
Kollegen, die das Abschalten verhindern wollen, rütteln am Wat-
schenbaum. Auf das vereinbarte Zeichen für den Generalstreik
bleiben die Straßenbahnen und die öffentlichen Uhren tatsächlich stehen. Aber die Eisenbahnen fahren weiter und bringen mi-
litärische Verstärkung nach Wien. Außerdem übernehmen „Be-
triebsbeamte" bald den Dienst für die streikenden Arbeiter. Deren Einsatz genügt, um den Betrieb im E-Werk aufrechtzuerhal-
ten, da die Abschaltung auf eine Weise erfolgt, die die Anlage
intakt lässt. Der Polizeipräsident von Wien als Sicherheitsdirek-
tor verkündet im Einverständnis mit dem Präsidenten des Ober-
landesgerichtes trotzdem mit der Begründung, dass „Teile der so-
zialdemokratisch organisierten Arbeiter des Städtischen Elektrizitätswerkes die Arbeit niedergelegt" haben, das Standrecht in
Wien.

*„Die Bundesregierung hat unter Bereitstellung des gesamten
Machtapparates alle Maßnahmen getroffen, um diese planmäßigen
Anschläge bolschewikischer Elemente im Keime zu ersticken."*

Zu diesem Zweck regt Bundeskanzler Dollfuß sogar an, „die
E-Werke in Simmering nicht zu stürmen, sondern überfallsartig
zu vergasen."

Schon am 15. Februar 1934 endet der Widerstand in den letzten
Bastionen der Aufständischen in Wien – im Karl-Marx-Hof, im
Goethe-Hof und in Simmering. Laut regierungsamtlichen Veröf-
fentlichungen sind 314 Tote zu beklagen, davon 196 auf Seite der
politischen Linken.

Zu diesen Opfern sind folgende, von der historischen Forschung
noch nicht statistisch erfassten Gruppen zu zählen:

- die im Kampf Verwundeten und deren Angehörige;
- die standrechtlich Verurteilten, darunter die acht Hingerichteten;
- die Inhaftierten;
- die ins Ausland Geflohenen;
- jene Menschen, die ihre berufliche Existenz durch die Auflösung der Organisationsstrukturen und die Beschlagnahme des Vermögens verlieren.

Gedenkstein für die auf Anordnung der Regierung
Dollfuß verscharrten namenlosen Aufständischen
(Wiener Zentralfriedhof, 2. Tor, Gruppe 28, Reihe 36)
Quelle: Fritz Keller

Johann Pölzer jun. gehört gleich zu mehreren der beschriebenen
Opfergruppen. Sofort nach Ende der Kämpfe erhält er wegen seiner Aufforderung zum Streik den gefürchteten „blauen Brief"
(ein Schicksal, das er mit 406 Bediensteten der E-Werke teilt).
Von seinen in die Pensionskasse der Elektrizitätswerke einbe-

Beschlagnahme der Pensionsbeiträge 1934
Quelle: Personalakt Wiener E-Werk

zahlten Beiträgen in der Höhe von 2.371.53 Schilling werden 700 S als Schadensgutmachung gemäß der Verordnung der Bundesregierung vom 1. September 1933, BGBl. Nr. 397, einbehalten, weil er „Mitglied des Streikkomitees war und sich persönlich an dem in den städtischen Elektrizitätswerken ausgebrochenen Streik beteiligte", wodurch dem Bund Kosten für besondere Sicherheitsmaßnahmen erwuchsen. Den Restbetrag kann Pölzers Gattin Franziska mit Vollmacht am 16. August 1934 beheben.

Ihr Ehegatte, der sich mit Unterstützung von Mitstreitern zunächst im Kanalnetz versteckt hält, ist auf dringendes Anraten seines Vaters am 17. Februar 1934 in die Tschechoslowakei geflüchtet. In Österreich wird er wegen Hochverrats und Sabotage verfolgt und in Abwesenheit zum Tode verurteilt.

Für flüchtige Schutzbündler sind zwischenzeitlich bereits Passagen über die Grenze nach Tschechien organisiert worden. Zentrale Sammelpunkte sind das Gasthaus Berghauer in Seefeld, Bezirk Hollabrunn, und in Zwingendorf. Von dort geht es durch die Weingärten ins Dorf Joslowitz, jenseits der Grenze.

Doch der Pölzer-Schani benötigt solche Fluchthilfe nicht. Er kennt das Grenzgebiet wie seine Westentasche und kann sich im Haus seiner Familie in Alt-Petrein (Starý Petřín) problemlos einquartieren. Er kann auch damit rechnen, dass hier sein Vater, der große Sohn des kleinen Ortes, nicht vergessen ist, was eine erstaunliche Tatsache beweist: Zu seinen Lebzeiten, als die „Arbeiter-Zeitung", das Zentralorgan der deutschen Sozialdemokratie in Österreich, noch legal erscheinen konnte, abonniert buchstäblich das ganze Dorf – samt Großbauern und Pfarrer – die Zeitung. Man studiert sie sorgfältig vom Leitartikel bis zum Versammlungsanzeiger, ob nicht irgendwo der Name Pölzer-Schani auftaucht. Jetzt überträgt sich die Wertschätzung vom Vater auf den Sohn. Pölzer jun. wird mit offenen Armen aufgenommen.

Gleichzeitig mit ihm langt ein Pionier der sozialdemokratischen
Arbeiterbewegung in Simmering, der Schutzbund-Kommandant
Florian Hedorfer, in Alt-Petrein (Starý Petřín) ein. Die beiden
Männer quartieren sich in dem Gebäude, das von Pölzer sen.
während seiner Zeit als Nationalrat in drei Kleinwohnungen um-
gebaut wurde, ein. Für ihr leibliches Wohl sorgt Pauline, eine junge Frau aus dem Dorf.

Erinnerungskarte der illegalen Revolutionären Sozialisten
Quelle: Verein für Geschichte der Arbeiterbewegung

In der Emigration freunden Hedorfer und Pölzer sich mit Schicksalsgenossen an:

- mit Franz Jonas, damals Mitglied des „Fünferkomitees", das den illegalen Widerstand der Revolutionären Sozialisten im Untergrund organsiert (nach 1945 Parteisekretär von Floridsdorf und SPÖ-Bürgermeister von Wien);
- mit dem Administrator der illegalen „Arbeiter-Zeitung" Ernst Winkler (in der Legalität SPÖ-Nationalrat).

Beide bezeugen noch Jahrzehnte danach, dass sich die Männer fern der Heimat gegenseitig Mut zugesprochen haben und dass sich der „Schani" gerade in dieser schwierigen Zeit als hilfsbereiter und guter Mensch bewährt hat. Die Arbeiterbewegung hat eine Schlacht verloren, aber sie ist nicht endgültig besiegt – davon sind alle vier überzeugt.

Für den tagtäglichen Unterhalt Pölzers sorgen notgedrungen Bruder Alois und Schwester Amalie. Doch der Pölzer-Schani leidet an Ischias und kann durch den stechenden Schmerz vom Gesäß bis zu den Füßen wochenlang nicht aufstehen. Zum Ischias gesellt sich eine eitrige Nierenbeckenentzündung. Die erforderlichen Spitalsaufenthalte und eine von den Ärzten empfohlene Kur in Bad Piestany (Pistyan) übersteigen das finanzielle Leistungsvermögen der Geschwister. Er muss bei der Auslandsleitung der österreichischen Sozialisten um die Gewährung einer einmaligen Aushilfe ansuchen.

Nach dem

Einmarsch der Hitler-Truppen

am 12. März 1938 gibt die Magistratsdirektion bereits am 25. desselben Monats 1938 einen Erlass folgenden Inhalts heraus:

„Der Herr [Nazi-] *Bürgermeister* [Hermann Neubacher] *beabsichtigt, jene Angestellten und Bediensteten, welche in Zusammenhang mit den Februar-Unruhen 1934 aus der städtischen Verwaltung ausgeschieden wurden, wieder in den städtischen Dienst einzustellen, wenn sie nicht als minderwertige Arbeitskräfte bekannt waren und auch charakterlich ihnen nichts Nachteiliges zur Last gelegt werden kann."*

Bis zur von den Nazis inszenierten Volksabstimmung über den „Anschluss" Österreichs an das Deutsche Reich am 10. April 1938 beträgt die Zahl der wieder aufgenommenen Sozialdemokraten und NSDAP-Mitglieder bei der Feuerwehr, den Elektrizitätswerken, den Gaswerken und den Straßenbahnern 340. Schon am 25. März 1938 sucht Johann Pölzer um Wiedereinstellung in den Dienst des Wiener Elektrizitätswerkes mit der in der Abbildung angeführten Begründung an.

Kein „Heil Hitler!" als Grußformel, kein Hinweis auf einen Beitritt in die NSDAP. Trotzdem wird diesem Ansuchen entsprochen. Als Johann Pölzer beim Grenzübertritt nach Österreich von Familienangehörigen abgeholt wird, verliert der strenge Abstinent die Fassung und betrinkt sich hemmungslos. In Wien angekommen wird der Rückkehrer im Werk Simmering zusammen mit 300 anderen mit Musik und propagandistischem Klimbim als städtischer Bediensteter neu aufgenommen. Danach tritt er im E-Werk Engerthstraße wieder seinen Dienst – nun als Haus-

25. März 1938.

An die

Direktion des städtischen Elektrizitätswerkes

W i e n , 9.,

Mariannengasse 4

Betrifft : Johann Pölzer, Wiedereinstellung in den
Dienst des städtischen Elektrizitätswerkes.

Der Gefertigte erlaubt sich bei der löblichen Direktion
um die Wiedereinstellung im Arbeitsbereiche der städtischen E-Werke
anzusuchen und begründet seine Bitte mit dem Nachstehenden :

Ich war vom 17. August 1924 bis 12. Feber 1934 im Kraft-
werk II, Engerthstrasse 169 als Facharbeiter beschäftigt. Der 12. Feber
trug mir neben den polizeilichen Verfolgungen auch die Entlassung aus
dem Dienste der städtischen E-Werke ein.

Nach meiner Auffassung ist die damalige Entlassung unge-
rechtfertigt erfolgt und entbehrte jeder gesetzlichen Grundlage .Ich
bitte deshalb, den gesetzlichen Zustand wieder herzustellen und mich
in das Werk einzustellen.

Aus diesen Gründen heraus bittet der Gefertigte, dass
sein Gesuch Genehmigung findet .

Zeichnet mit dem Ausdrucke

vorzüglicher Hochachtung

Johann Pölzer

Mit Entschl. d H Bürgmst. v ┄
MDP 2240/88 Wiedereinst genehm┄

Gesuch um Wiedereinstellung – ohne „Heil Hitler!"
Quelle: Personalakt Wiener E-Werk

schlosser und Aufzugswärter – an. Drei Tage später, am 28. März 1938, werden alle jüdischen Angestellten und Bediensteten mit sofortiger Wirkung beurlaubt. Beamte, die Juden, jüdische Mischlinge oder mit einer Jüdin (einem Juden) oder einem jüdischen Mischling ersten Grades verheiratet sind, werden in den dauernden Ruhestand versetzt.

Die langjährige Ehe mit seiner Gefährtin Franziska hält der Fülle von Belastungen nicht statt. Johann lässt sich scheiden. Sein Anwalt ist der spätere SPÖ-Vorsitzende und Bundespräsident Adolf Schärf. Am 18. August 1938 heiratet Johann Pölzer die 18-jährige Pauline Zoufal, die Haushaltshilfe aus Alt-Petrein (Starý Petřín).

Wenige Tage nach der Hochzeit wird er an seinem Dienstort „eingehend" über die Bestimmungen der Verordnung für das Land Österreich Nr. 221/ 1938 über die Einführung der Vorschriften zu Hochverrat und Landesverrat „belehrt".

Von Nazis beschmiertes Haus eines tschechischen Bauern 1938 in Alt-Petrein (heute Starý Petřín)
Quelle: Historisches Fotoarchiv Hardegg

Knapp vor Ausbruch des Zweiten Weltkrieges, ausgelöst durch den deutschen Überfall auf Polen am 1. September 1939, befindet sich Schani zur Kur in Bad Piešťany (Pistyan). Zurück an seiner Dienststelle wird er zum Ausfüllen eines Fragebogens über eine etwaige jüdische Abstammung und Mitgliedschaft in der KPÖ sowie in der Sozialdemokratischen Partei, dem Schutzbund oder sonstigen Nebenorganisationen genötigt. Außer seiner amtsbekannten linken Vergangenheit meldet er seine Mitgliedschaft in der Deutschen Arbeitsfront seit 1. Juni 1938.

Widerstand

Der Beitritt zu diesem – in der Praxis ohnehin obligatorischen – Einheitsverband der Betriebsführer und Belegschaften dient Johann Pölzer als Mimikry seiner Zugehörigkeit zu jenen informellen Basisstrukturen, die unter dem NS-Regime im Wiener E-Werk weiter existieren. Es gibt sozialdemokratische, kommunistische und christliche Gruppen im Untergrund, ja sogar persönliche Verbindungen zu militärischen Widerstandsgruppen unter dem Major Carl Szokoll. Diese Widerstandsgruppen sind alle untereinander vernetzt, obwohl niemand genau weiß, was der eine macht und wo er genau steht. Es gibt keine Organisation, sondern nur Personen, von denen bekannt ist, dass sie irgendetwas machen. Auch der Kontakt funktioniert nur von Person zu Person. Man kennt sich, zum großen Teil sind es die Funktionäre der früheren Jahre, die sich treffen und reden: „Gibt's was Neues?", Weißt was?" Überall lauert die Geheime Staatspolizei. Nach eigenen Angaben wird Pölzer wegen vermuteter illegaler Gewerkschaftstätigkeit insgesamt sechs Mal zum Verhör geholt. Bei Kriegsbeginn wird er zunächst „unabkömmlich", dann „krankheitshalber untauglich" gestellt. Knapp nach dem Überfall Hitler-Deutschlands auf Russland am 22. Juni 1941 meldet der Facharbeiter Johann Pölzer eine „Brandwunde II. Grades":

*Beim Anzünden einer Zigarette mit Zündhölzchen hatten sie die in
der Schachtel befindlichen Zünder entzündet und die dadurch ent-
standene Stichflamme fügte dem Genannten die angegebene Verletzung zu".*

Hat er sich diese Verletzung absichtlich zugeführt? Und wenn ja,
mit welcher Absicht? Als die Front im November 1944 immer nä-
her rückt, wird der politisch unsichere Kantonist in der „Heimat-
dienstverwendung" zu Schanzarbeiten in die Steiermark abkom-
mandiert.

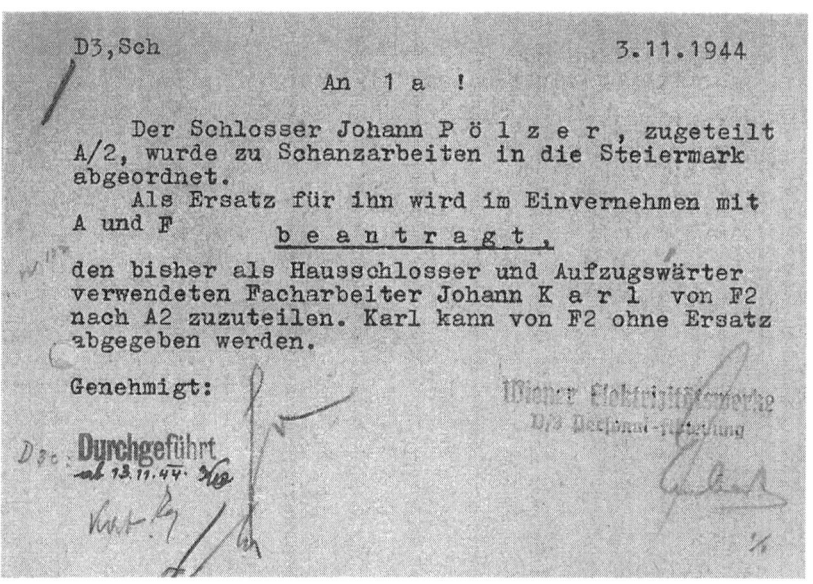

Quelle: Personalakt Wiener E-Werk

Wird dieser Befehl jemals ausgeführt? Und wenn ja, wie und
wann kehrt Pölzer nach Wien zurück? Über die Monate bis zum
Kriegsende ist über Schanis Schicksal nichts belegt.

Ende März 1945 erklärt der Gauleiter und Reichsstatthalter Bal-
dur von Schirach die Stadt Wien zur Festung. Brücken und große

Industrieanlagen werden nach Hitlers „Nero-Befehl" zur Sprengung vorbereitet. Zu diesen Objekten gehört auch das E-Werk in der Engerthstraße. Am 1. April schließt sich der Belagerungsring der Roten Armee rund um die Stadt. Im E-Werk erhalten alle Bediensteten zwei Monatsgehälter und werden heimgeschickt. Eine kleine Gruppe ehemaliger sozialdemokratischer Funktionäre um Hans Schiller und Ingenieur Strehmaier beschließt hierauf, mit dem von den Nazis eingesetzten Betriebsdirektor zu verhandeln. Als Gegenleistung für einen Dienstwagen mit Benzin, mit dem er sich samt Gattin in den Westen absetzen kann, tritt er seine Leitungsbefugnis an Ingenieur Strehmaier ab. Das E-Werk ist damit gerettet. Aber die neue Werksleitung steht vor der beinahe unlösbaren Aufgabe, fast ohne Kohle, Holz und anderes Heizmaterial die Stromversorgung wieder aufzunehmen. Die Verhandlungen mit der russischen Besatzungsmacht gestalten sich äußerst schwierig. Die Kommandantur will entsprechende Kontingente, kann aber schließlich überredet werden, als Gegenleistung entsprechende Waggons mit Öl zur Verfügung zu stellen. Davon wird wieder Strom fürs Allgemeine Krankenhaus abgezapft. Bei Versuchen zur Ausweitung des Netzes bricht der Stromkreis aber immer wieder völlig zusammen, da viele Wiener ihre Stromanschlüsse einschalten und auf einem Bügeleisen ihre Suppe kochen oder für ihr Kind warmes Essen zubereiten. Eine Lösung dieses Problems bahnt sich erst an, als die E-Werker in Waggons auf dem Verschiebebahnhof Strasshof eine große Menge Öl entdecken und eine 200 Meter lange Leitung über die Donau legen, mit der – an den betrunken gemachten russischen Wachposten vorbei – sogar eine Reserve an Heizöl angelegt werden kann.

Gründung des ÖGB

Pölzer soll ebenfalls in die provisorische Werksleitung berufen
und mit der Wiederinbetriebnahme der E-Werke betraut werden.
Er lehnt dieses Angebot ab. Als langgedienter Gewerkschaftsfunktionär sieht er seine Aufgabe beim Wiederaufbau einer demokratischen Interessenvertretung. Tatsächlich sind prinzipielle
Entscheidungen und Weichenstellungen vorzunehmen. Das bedeutet zunächst einmal, sich unbeeindruckt von Hunger, Chaos
und den streng bewachten Zonengrenzen der vier Besatzungsmächte auf die gefährliche Suche nach Orten zu begeben, wo Gewerkschaft jetzt wieder stattfinden darf. Durch Mundpropaganda
entwickelt sich eine Privatwohnung in der Kenyongasse 3 in Wi-
en-Neubau zu einem informellen Treffpunkt der „alten" Vertrauensleute, die sich zunächst einmal einfach miteinander freuen,
das Inferno überlebt zu haben. Doch schon am 13. April 1945 er-
zielt hier eine Gesprächsrunde um den späteren Vorsitzenden Johann Böhm, der auch Pölzer-Schani angehört, Konsens über die
Gründung eines Österreichischen Gewerkschaftsbundes. Diesem
ÖGB, den Sekretäre von oben nach unten aufbauen, sollen Mitglieder aller drei neu entstandenen demokratischen Parteien
(KPÖ, ÖVP, SPÖ) beitreten können. Gemeinsam ist allen Beteiligten der Wille zur Mitarbeit bei „der Bekämpfung des Faschismus und jeder Reaktion". Mit dieser Entscheidung ist klargestellt:
Die von politischen Parteien organisierten Richtungsgewerk-
schaften der Ersten Republik sollen nicht mehr auferstehen, sehr
wohl aber Fraktionen – so eine sozialdemokratische Gewerk-
schaftsfraktion, als deren Delegierter der Pölzer-Schani an allen
SPÖ-Parteitagen von 1947 bis 1961 teilnehmen wird.

Noch ein weiteres strukturelles Problem muss gelöst werden: Soll
der alte Verband der Gemeindeangestellten wieder hergestellt
werden? Die wieder in einer anderen Privatwohnung eines Kollegen um den 20. April 1945 herum versammelten „alten" Vertrau-

ensmänner aus diesen Bereichen entscheiden, dass sie in dieser Frage ebenfalls neue Wege gehen wollen. Die Bediensteten der Verkehrsbetriebe, der Fuhrwerks- und Colonial-Betriebe, der Humanitätsanstalten, des Gas- und E-Werkes sollen keine selbstständigen Verbände mehr bilden, die verschiedenen Branchengewerkschaften angehören. Vielmehr beschließen die „alten" Vertrauensleute am 20. April 1945, an das provisorische Präsidium des ÖGB mit der Bitte heranzutreten, es möge zur Kenntnis nehmen, dass sämtliche Gemeindebediensteten fest entschlossen sind, sich in einer einzigen Organisation zusammenzuschließen und jeden Spaltungsversuch abzulehnen.

Dieser Wunsch wird zunächst negativ beschieden. Am 17. Mai 1945 treffen sich hierauf alle Beteiligten in einem Souterrainlokal der Arbeiterkammer in der Ebendorferstraße. Die Diskussion verläuft hitzig. Es kommt jedoch nicht zu dem geplanten Eingreifen Pölzers in die Debatte. Johann Böhm erklärt in seinem Schlusswort, dass der Wunsch und Wille der Gemeindebediensteten im provisorischen Vorstand des ÖGB beraten und das Ergebnis mitgeteilt wird. Nach einer Demonstration der Arbeiter aus Wiener Großunternehmen für die Gründung einer einheitlichen Gewerkschaft aller in den Kommunen Tätigen und angesichts der Tatsache, dass sich auch in den Bundesländern diese Organisationsform spontan etabliert hat, akzeptiert dann der ÖGB die neue „Industrie"-Gruppe.

Die gemeinsame Gewerkschaftsorganisation nach dem Motto „Der arbeitende Mensch ist gleich" zieht ein gemeinsames Dienst- und Besoldungsrecht, gleiche Dienstzeit, gleiches Urlaubsrecht, gleiches Disziplinarrecht und gleiches Pensionsrecht nach sich. Verhandlungen zur Überleitung vom Deutschen Beamtenbund ins österreichische Rechtssystem enden im Juli 1946 mit der Abschaffung des Beamten-Privilegs durch seine Verallgemeinerung. Jeder „Bedienstete" muss nach einer Probezeit – unabhängig vom

Geschlecht – in ein pragmatisches Dienstverhältnis überführt werden; Frauen, die die Nazis nach dem „Endsieg" aus dem öffentlichen Leben generell ausschalten wollten, werden hinsichtlich Entlohnung, Aufstieg, Urlaubs- und Pensionsansprüchen den Männern formal gleichgestellt. Nach Verhandlungen mit Vertretern des Österreichischen Städtebundes wird diese neu geschaffene Dienstordnung für alle dieser Institution angehörenden Kommunen (nicht aber für die Gemeinden) verbindlich und im Laufe der folgenden Jahre sogar zum Vorbild für Quasi-Pragmatisierungen im Banken- und Versicherungsbereich („Unkündbarkeits-Erklärungen"). Die Angst vor der Massenarbeitslosigkeit der 30er Jahre sitzt eben vielen noch im Nacken.

Parallel zu diesem neuen Aufbau einer Gewerkschaft der Gemeindebediensteten (GdG) steigt Pölzer-Schani in der Hierarchie der neuen Organisation auf: Vom Vorstandsmitglied bringt er es am 1. November 1946 zum Ersten Sekretär der GdG, dann 1948 zum Mitglied des Bundesvorstandes des ÖGB und 1951 schließlich zum Vorsitzenden der GdD. Der von den Mitgliedern einfach mit „der Präsident" Titulierte übt außerdem von 1949 bis 1952 die Funktion eines Wiener Landtagsabgeordneten aus und agiert ab 1952 bis Oktober 1963 als Nationalrat der SPÖ.

Magistrat der Stadt Wien als Amt der Landesregierung

VERWALTUNGSGRUPPE IV — ABTEILUNG 12

Mittelbare Bundesverwaltung

Referat Opferfürsorge

M.-Abt. 12 — P 438/51   Wien, den   18. März 1952

P ö l z e r Johann, geb. 5.8.1903

Opferfürsorge — Opferausweis.

Bescheid

Über Ihren Antrag auf Ausstellung eines Opferausweises auf Grund des Opferfürsorgegesetzes (B. G. Bl. Nr. 183/47) wird gemäß § 4, Abs. (3), dieses Gesetzes erkannt, daß Sie als Opfer der politischen Verfolgung im Sinne des § 1, Abs. (2) lit. a, b, c, d, e, beziehungsweise Abs. (4) des Opferfürsorgegesetzes anzusehen sind.

Begründung:

Nach den vorliegenden Beweismitteln wird als erwiesen erachtet, daß Sie durch fristlose Entlassung aus politischen Gründen aus dem städtischen Dienste der Gemeinde Wien im Februar 1934 und der nachher erfolgten Zwangsemigration eine Minderung Ihres Einkommens um mehr als die Hälfte gegenüber dem Zeitpunkt vor der gesetzten Maßnahme in der Dauer von mehr als dreieinhalb Jahren erlitten haben.

Über das Zutreffen dieser Voraussetzungen wird Ihnen gemäß § 4, Abs. (3), dieses Gesetzes ein Opferausweis mit zugehörigem Begünstigungsheft ausgefertigt, der für alle mit der Zuerkennung und Durchführung der Fürsorgemaßnahmen und Begünstigungen befaßten Stellen bindend ist.

Rechtsmittelbelehrung:

Gegen diesen Bescheid steht die binnen zwei Wochen nach Zustellung beim Amte der Wiener Landesregierung, M.-Abt. 12, Wien, I., Gonzagagasse 23, schriftlich oder telegraphisch einzubringende Berufung offen.

Für den Landeshauptmann:

Ergeht an:

1. Herrn / Frau Johann Pölzer,

    Wien, 10., Leebgasse 10/IV/5

2. Bundesministerium f. soz. Verwaltung
   Referat: Opferfürsorge
   Wien, I., Hanuschgasse 3

M.-Abt. 12 — S. D. 69 — 512 — 1 — 10084 — Ed. B.

Quelle: Familienarchiv Pölzer

Wiederaufbau

Diese „Karriere" auf nationaler Ebene korrespondiert mit Funktionen in dem vom 28. November bis 9. Dezember 1949 in Genf in Konkurrenz zum kommunistisch dominierten Weltgewerkschaftsbund gegründeten Internationalen Bund Freier Gewerkschaften. Der Europäische Regionalrat dieses IBFG, dem neben dem ÖGB-Präsidenten Johann Böhm auch Pölzer angehört, übernimmt die Agenden des gewerkschaftlichen Marshall-Plan-Komitees. In diesem von den USA ins Leben gerufenen Hilfsplan sehen die sozialistischen Gewerkschafter zunächst eine Möglichkeit, den österreichischen Wiederaufbau an Hand eines Planes („European Recovery Program") zu realisieren, wo doch die beiden großen US-Gewerkschaftsverbände American Federation of Labour und Congress of Industrial Organization solche Bestrebungen zu stützen scheinen. Doch das Argument „Wir können nur verantworten, was wir mit entschieden haben" greift bei den amerikanischen Partnern nicht. Die Wall Street verhindert jede effektive gewerkschaftliche Mitsprache. Sozialistische Gewerkschafter wie der Pölzer-Schani, die die Politik als Kunst des Möglichen ansehen, orientieren sich an den Fixpunkten einer politischen Westorientierung. So verabschiedet der Zentralvorstand der GdG (gegen die Stimmen der Kommunisten) eine Resolution, in der es heißt:

„... in der gegebenen politischen Situation Österreichs ist der Streik kein brauchbares Mittel zur Durchsetzung gewerkschaftlicher Forderungen; er könnte dieses äußerste und wirksamste Mittel nur in einem freien Land bejahen."

Im Sinne dieser Realpolitik akzeptieren Pölzer und Co. fünf Preis-Lohn-Abkommen, die auf einen Wiederaufbau der Wirtschaft auf dem Rücken der unselbstständig Werktätigen hinauslaufen. Denn mit jedem neuen Abkommen wird der Lohn aller

Arbeiter- und Angestelltenkategorien auf den „Grenzlohn" herabgedrückt, den die wirtschaftlich schwächste „Grenzgruppe" der Unternehmer gerade noch leisten kann oder will. Für den öffentlichen Dienst bedeutet diese Dynamik, dass der Durchschnittsbezug der in diesem Bereich Beschäftigten 1950 noch um ein gutes Fünftel geringer ist als der „Grenzlohn" der in der Privatwirtschaft tätigen Arbeiter und Angestellten. Selbst als ein Versuch, diesen Rückstand in einem Nachziehverfahren aufzurollen, eine „unbefriedigende Teillösung" bleibt, wie Pölzer-Schani im „Gemeindebediensteten" zugesteht, verteidigt er den Abschluss mit den Worten: „Mehr zu erreichen, hätte unter Umständen weniger bedeutet." Und er bezichtigt gleichzeitig Händler, die trotz dringendem Bedarf im Land „aus maßloser Profitsucht" Getreide exportieren, des „Hochverrates an der österreichischen Volkswirtschaft". Auf den Ersten Sekretär der GdG und seine sozialdemokratischen Vertrauensleute ist eben immer Verlass – in guten wie in schlechten Zeiten. Nach dem Ende von spontanen Streiks im Oktober 1950 gegen den Abschluss, die von der KPÖ für ihre politischen Zwecke benutzt werden, hat der Wiener Bürgermeister Theodor Körner allen Grund,

„sich bei allen städtischen Bediensteten für ihre vorbildliche Haltung und Disziplin während der (...) Unruhe zu bedanken. Weder die Straßenbahner noch die Bediensteten der E- und Gas-Werke haben sich zu wilden Streiks verleiten lassen. Die Strom- und Gasversorgung war nicht ein einziges Mal unterbrochen, obwohl betriebsfremde Elemente zum Beispiel in das Elektrizitätswerk Engerthstraße eingedrungen waren und die Abschaltung erzwingen wollten."

Noch ein Wiederaufbauprojekt beschäftigt den Pölzer-Schani sehr intensiv – handelt es sich für das „Parteikind", wie er sich selbst manchmal tituliert, quasi um das Famlienerbe, das Arbeiterheim Favoriten. Nach dem Missbrauch für Parteizwecke der

Klerikal-Faschisten und der Nazis übernimmt die russische Besatzungsmacht das schwer bombenbeschädigte Gebäude und benutzt es als Divisions-Hauptquartier der Roten Armee. Am 11. April 1946 versuchen sozialistische Funktionäre bei einer Aussprache mit Major Chamentoff unter Hinweis auf den Unterbelag des
Gebäudes wenigstens in den Besitz eines Teils der Räumlichkei-
ten zu kommen. Sie werden auf den Abzug der Besatzungstrup-
pen als Termin für die Restitution verwiesen. Trotz Unterstützung der „Arbeiter-Zeitung" bleiben mehrere gleichartige Versu-
che vergeblich. Erst am 5. September 1951 übergeben die Sowjets
mit finanziellen Auflagen eine leere Ruine an Johann Pölzer, den
geschäftsführenden Obmann des Vereins Arbeiterheim Favoriten.

Ruine des Arbeiterheimes bei der Übergabe 1951
Quelle: Archiv der Sozialdemokratischen Partei Österreichs –
Bezirksorganisation Favoriten

Neun Millionen Schilling sind notwendig, wenn dieses herunter-
gekommene Haus mit denkwürdiger Vergangenheit wieder dem
ursprünglichen Zweck dienen soll. Und diese Millionen treibt
Pölzer unermüdlich ein. Die größte Sponsorin für den Wiederaufbau ist die Fraktion sozialdemokratischer Gewerkschafter. Da
dieses Spendenaufkommen nicht reicht, muss der Verein selbst
bei der Bank für Arbeit und Wirtschaft einen Kredit aufnehmen.
Die Favoritner SPÖ-Mitglieder zahlen außerdem 1951 zweckge-
bunden für die Erhaltung einen zehnprozentigen zusätzlichen
Arbeiterheim-Beitrag. Für die letzten fehlenden 430.000 Schilling steht dann die GdG mit einem Darlehen gerade.

Der Wiederaufbau dauert sieben Jahre. Die Gartensäle können
bis 1954 nur durch Schutt und Trümmer betreten werden.

Eröffnung der Gartensäle im September 1952
Quelle: Archiv der Sozialdemokratischen Partei
Österreichs – Bezirksorganisation Favoriten

Erst danach ist der Wiederaufbau bis auf das dritte und vierte
Stockwerk beendet. Im Zuge der Sanierung erhalten kommerzi-
elle Betreiber in das Traditionsgebäude Einlass: Die RUEFA errichtet ein Hotelprojekt nach schwedischem Vorbild mit interna-
tionalem Komfort, das Amalien-Kino erfreut sich ebenso wie die
neuartigen Modeschauen großen Zuspruchs. Gegen Pläne, das
Gebäude gänzlich abzureißen, formiert sich 1984 ein Personenko-
mitee „Rettet das Arbeiterheim Favoriten", das von der promi-
nenten Sozialdemokratin Rosa Jochmann unterstützt wird. Dieser Widerstand kann jedoch einen noch weiter gehenden Umbau
nicht verhindern.

Die Führung der Favoritner SPÖ vor dem Bild von Johann Pölzer sen. Von
links nach rechts: Bezirksvorsteher Karl Wrba, Johann Pölzer jun., der
Stadtrat für öffentliche Einrichtungen Franz Koci, der Zentralsekretär der
SPÖ Otto Probst.
Quelle: Verein für Geschichte der Arbeiterbewegung

Mit dem Abschluss des Staatsvertrages 1955, verbunden mit dem Abzug der Besatzungsmächte und einer De-facto-Vollbeschäftigung, endet die Nachkriegswirtschaft im Land. Die Gewerkschaften können jetzt Erfolge erzielen, die zu Reallohnsteigerungen führen. Österreich ist an einem Wendepunkt angelangt, meint „der Präsident" Pölzer.

„Jeder von uns weiß, dass wir nicht länger improvisieren dürfen, sondern dass wir zu einer Konsolidierung des Dienst- und Bezugsrechtes kommen müssen (...) Wir haben bewiesen, dass wir willens sind, dem Staat in jeder Form zu dienen. Nun muss auch der Staat wissen, was er uns schuldig ist."

Wandgemälde im renovierten Arbeiterheim Favoriten
Quelle: Archiv der Sozialdemokratischen Partei Österreichs –
Bezirksorganisation Favoriten

Wohlfahrtsstaat

Das Verlangen nach höheren Löhnen und mehr argumentiert er mit folgenden Worten:

„Das Sozialprodukt ist größer geworden. Das können wir beweisen. Und wir werden dazu sagen: Wir wollen unseren Anteil daran, der uns gebührt! Wir haben das Recht, mehr zu fordern, wenn sich der Staat erholt hat. Wir haben nicht nur ein Recht auf Lebensglück, sondern ein Recht an den Kulturgütern!"

Die Verhandlungspartner wissen, dass es der zumeist kompromissbereite Pölzer-Schani ernst meint, wenn er solche mit knorriger Stimme vorgetragenen Worte unterstützt vom Stampfen seines Stockes wählt. Tatsächlich wird das Gehalts- und Bezugsrecht der Gemeindebediensteten modernisiert. Zwar gibt es noch immer keinen 14. Monatsbezug, aber eine Sonderzahlung. Für alle Wiener Gemeindebediensteten wird die Wochenarbeitszeit von 48 auf 45 Stunden reduziert. Für die „Beamten im Ruhestand" kann eine Pensionsautomatik (automatische Angleichung an die steigenden Bezüge der Aktiven) erreicht werden.

Es gibt jedoch in der ÖVP Kräfte, die nach dem Abzug der Roten Armee Chancen für einen gesellschaftlichen und ökonomischen Roll-back sehen. Das Fass zum Überlaufen bringt in diesem Zusammenhang ein Artikel in der offiziellen Zeitschrift des Österreichischen Städtebundes, in dem für die Umwandlung der Versorgungsbetriebe (Elektrizitätswerke, Gaswerke, Wasserwerke, Fernheizwerke, Straßenbahn, Autobusse usw.) in Aktiengesellschaften plädiert wird. In seiner Replik verweist der Pölzer-Schani auf die Tatsache, dass dieser Sektor vom christlichsozialen Bürgermeister Karl Lueger im Interesse der Bevölkerung Wiens kommunalisiert wurde, weil er diese lebens- und wirtschaftswichtigen Betriebe nicht der Privatwirtschaft überlassen wollte.

Denn – so der GdG-Vorsitzende weiter – die Exportwirtschaft des Landes hängt weitgehend davon ab, dass die Gebietskörperschaften ihre Tarife, einschließlich der Mieten, möglichst niedrig halten. Und diese Tarife, ob nun Aktiengesellschaft oder nicht, sind für ihn vor allem ein politisches Problem, das aber niemand anpacken will. Denn: Welcher Politiker will schon Preiserhöhungen verantworten? Was die überraschende Umwandlung der Versorgungsbetriebe der Stadt Graz anbelangt, so betrachtet er diesen Fall als Experiment. Wie er ankündigt, wird sich die Gewerkschaft mit allen demokratischen Mitteln dagegen wehren, dass dieses Experiment irgendwo nachgeahmt wird, bevor nicht Schwarz auf Weiß bewiesen wird, dass es nicht nur geglückt ist, sondern auch kein Bediensteter dadurch zu irgendeinem Schaden kam.

Pölzer-Schani auf dem 5. Gewerkschaftstag der GdG 1963
Quelle: Archiv der GdG

Mit einem verwandten Thema muss sich der GdG-Vorsitzende auf dem Fünften Gewerkschaftstag im Jahr 1963 auseinandersetzen.

Der ÖVP-Finanzminister Josef Klaus trägt sich nämlich mit dem Gedanken, zur Abdeckung von Forderungen der öffentlich Bediensteten Teile der verstaatlichten VOEST oder der Alpine zu verkaufen. Pölzer-Schanis Antwort vor den Delegierten ist klar und eindeutig:

„Die österreichische Gewerkschaftsbewegung ist schließlich in der Ersten Republik auch dadurch bekämpft worden, dass sich in der Grund- und Schwerindustrie Trusts gebildet haben, Kartelle, die sich mit ihrem Geld Privatarmeen zum Kampf gegen die Gewerkschaften halten konnten. Einer der Gedanken der Verstaatlichung war ja der, dass die Arbeiterbewegung und die Gewerkschaftsbewegung nie mehr von kapitalistischen Interessengruppen niedergeknüppelt werden können."

Aufgrund seiner angegriffenen Gesundheit legt „der Präsident" auf diesem Fünften Gewerkschaftstag seine Funktion zurück. Zu seinem Nachfolger wird Robert Weisz gewählt. In einer seiner Abschiedsansprachen vor den Delegierten der Landesgruppe Niederösterreich beschäftigt Pölzer sich mit dem gewandelten Selbstverständnis gewerkschaftlichen Handelns:

„Während zur Zeit der Monarchie die Gewerkschaften gemäß dem Leitspruch ‚Mag aller Staat zum Teufel gehen, das Volk wird doch bestehen' operierte, ist die Gewerkschaftspolitik seit 1945 positiv zum Staat eingestellt. (...) Da die Volkswirtschaft eines Landes für dessen Gewerkschaftspolitik maßgebend ist, sind den Gewerkschaften auch in Österreich gewisse Grenzen gesetzt. An und für sich könnten ja die österreichischen Gewerkschaften als stärkste Bewegung des Landes beinahe alles erzwingen – aus einleuchtenden Vernunftgründen kann dies jedoch nicht geschehen, da die staatser-

haltende Aufgabe der Gewerkschaft nicht vernachlässigt werden darf."

Die praktischen Konsequenzen dieser Theorie demonstriert der scheidende GdG-Vorsitzende an Hand der Arbeitszeitverkürzung:

„So sehr wir uns zur Verkürzung der Arbeitszeit bekennen, so sehr müssen wir im gegebenen Moment davor warnen, sie jetzt durchzuführen. Ich weiß, dass es nicht sehr populär ist, dies auszusprechen; es gehört aber zu meinem Aufgabenbereich, auch Unpopuläres zu sagen, wenn es notwendig ist. Ich muss ehrlich gestehen, dass ich momentan kein Rezept wüsste, wie man da und dort den Dienstbetrieb bei einer weiteren Dienstzeitverkürzung aufrecht erhalten könnte. Es sei denn, es würde zu einer noch größeren Überstunden-Schinderei kommen, als es ohnehin schon der Fall ist. Jederzeit würden wir für eine wirkliche Verkürzung der Arbeitszeit eintreten, wenn sie sich auch reell auswirken kann.

In einem grundsätzlichen Artikel im „Gemeindebediensteten" unter dem Titel „Probleme des öffentlichen Dienstes" blickt „der Präsident" in die Zukunft: Die Gewerkschaftsbewegung ist für ihn mit Automatisierungs-, Rationalisierungs- und Intensivierungsbestrebungen in der Verwaltung und hier insbesondere beim technischen Dienst konfrontiert, denen mit Maschinenstürmerei nicht beizukommen ist. Wenn durch Automatisierung – argumentiert er – Arbeitskräfte eingespart werden, wird den Verbliebenen nicht nur eine größere Arbeitsleistung abverlangt, sondern damit ist auch verbunden, dass höhere Leistungen und qualifiziertes Wissen und Können eine absolute Notwendigkeit für diese neuen Arbeitsmethoden sind. Wenn der Dienstgeber eine solche Ausbildung verlangt, so muss er sich darüber im Klaren sein, dass die Gewerkschaftsbewegung dafür auch eine höhere Wertung verlangen muss.

Als Konsequenz der staatserhaltenden Funktion der Gewerkschaft ist Pölzer zum Zeitpunkt seiner Demission Funktionär in einer Fülle von öffentlichen Institutionen:

- Abgeordneter zum Nationalrat
- Mitglied des Bundesvorstandes des ÖGB
- Mitglied des Verhandlungsausschusses der vier Gewerkschaften des öffentlichen Dienstes
- Obmann der „Vorsorge" der Gemeindebediensteten Österreichs
- Vorsitzender des Aufsichtsrates der gemeinnützigen Wohn-, Bau- und Siedlungs- Ges.m.b.H. für Gemeindebedienstete
- Mitglied des Kuratoriums der „Theodor Körner Stiftung"
- Mitglied des Kuratoriums der „Johann Böhm Stiftung"
- Mitglied des Vorstandes des Volkstheaters Wien
- Stv. Obmann des Vereins Arbeiterheim Favoriten

Trotz diesem Eingebunden-Sein in bürokratische Abläufe brechen bei ihm jedoch Verhaltensmuster aus der Frühzeit der Gewerkschaftsbewegung immer wieder durch. Darüber werden in der Gewerkschaft bis heute eine Fülle von Anekdoten kolportiert, vor allem über seine deftige Wortwahl bei Wutanfällen. So soll er einmal den Klubobmann der SPÖ Bruno Pittermann mit „Watschn" bedroht haben, weil dieser entgegen der Abmachung im Plenum über Themen spricht, für die sich der Schani mühsam vorbereitet hat. Ein anderes Mal soll er, als ihm der Eintritt in eine laufende Stadtsenatssitzung verwehrt wird, die Rathauswache einfach beiseite geschoben haben und in den Sitzungssaal eingedrungen sein, wo er sich mit dem heftigen Klopfen seines Stockes auf die Intarsien-geschmückten Tische und lautes Schimpfen sofortiges Gehör verschaffte. Ob solche Histörchen wirklich im Detail wahrheitsgetreu sind, sei dahingestellt. Wichtig ist nur die Tatsache, dass die Persönlichkeit und Aktivitäten des „Präsidenten" solche Geschichterln samt Legendenbildung provozieren. Eine dieser Stories, deren Authentizität von Rudolf

Pöder, einem Nachfolger Pölzers als GdG-Vorsitzendem, verbürgt wird, soll hier wiedergegeben werden, weil sie ein Schlaglicht auf Schanis Verständnis von Gewerkschaftsarbeit wirft:

„Als ich noch ein junger Vertrauensmann war", berichtet Pöder in einem Rückblick über 50 Jahre GdG, *„war Johann Pölzer Vorsitzender unserer Gewerkschaft. Seine Freunde nannten ihn ‚Schani', für mich aber war er immer der Präsident Johann Pölzer. Er war ein gewichtiger und stimmgewaltiger Mann, so um die 120 Kilo schwer und mit der Stimme eines Löwen, wenn er ergrimmt war. Wie alle gewichtigen Männer hatte er ein ‚patzweiches' Herz und war immer hilfsbereit, wenn unsere Kolleginnen oder Kollegen Hilfe benötigten. Ich befasste mich damals sehr eingehend mit Dienstrechtsfragen. So war es meine Aufgabe, die Vordienstzeitanträge, die vom Personalamt bearbeitet wurden, noch einmal zu sichten, um eventuelle Fehler oder Härten wahrzunehmen und auch darüber mit dem Sachbearbeiter zu reden, manchmal zu streiten. Anlässlich eines solchen Streitgesprächs teilte mir der Sachbearbeiter (...) mit, dass die Vorgangsweise der Personalisten einer Vereinbarung zwischen Johann Pölzer und dem Magistrat entspricht und daher absolut bindend sei. In der Hitze des Wortgefechtes rutschte mir die Äußerung heraus, dass diese Regelung wenig vorteilhaft sei und dass der Verhandler davon wenig versteht. Am liebsten hätte ich mir die Zunge abgebissen, denn der Sachbearbeiter hakte sofort nach und sagte: ‚Also, der Herr Präsident Pölzer versteht diese Sache nicht, das ist eine interessante Vorstellung.'*

Nach wenigen Tagen, ich hatte den Vorfall schon vergessen, klingelte mein Telefon und es meldete sich ‚Pölzer. Lieber Freund, komme sofort zu mir in die Maria-Theresienstraße'. Unheilschwanger ging ich in die Zentrale und wurde sofort zu Pölzer vorgelassen. Er saß mit düsterer Miene an seinem Schreibtisch und blickte mich mit traurigen Augen an, und dann begann er mit leiser Stimme: ‚Ich weiß, dass ich schon alt bin', die Stimme wurde so laut, wie ein

Löwe grollt. ‚Aber dass ich ein Trottel bin, habe ich bis jetzt nicht gewusst. Wieso wagst du es, in Anwesenheit von Personalbeamten so etwas zu sagen?' Mit jedem Donnergrollen wurde ich steifer, zum Schluss wie fast zur Salzsäule erstarrt. Nachdem er seine heftige Rüge beendet hatte, tat ich, was jeder schuldbewusste Mensch tut, ich entschuldigte mich in aller Form und versicherte, dass dies eine einmalige Entgleisung bleiben würde. (...) Er nahm meine Ent-schuldigung an und sagte: ‚Du wirst schon noch was werden, du musst halt als junger Hüpfer noch Geduld haben', und damit ent-ließ er mich.

Wenige Wochen danach: Verhandlungen beim Personalstadtrat. Ich durfte dabei sein, um zu lernen. (...). Die Tür zum Sekretariat des Stadtrates war noch verschlossen, er hatte noch ein Gespräch mit einem Beamten des Rathauses. Es öffnete sich die Eingangstür zum Sekretariat und heraus kam, ein Bündel Akten unter dem Arm, der Sachbearbeiter des Personalamtes. Er ging auf Pölzer zu und grüßte: ‚Meine Verehrung, Herr Präsident!' Pölzer blickte auf ihn herab und sagte mit donnernder Stimme: ‚Junger Mann, wenn Sie nochmals einen Vertrauensmann anschwärzen und vernadern, dann bekommen Sie es mit mir persönlich zu tun, Sie Wichtigma-cher.' (...) Der Beamte stotterte nur ‚Entschuldigung', und damit war die Sache erledigt.

Der Ehrenobmann der GdG ist ein schlichter Mensch und wie sein Vater ein „echter Wiener", der mit seiner Frau eine kleine Zwei-Zimmer-Wohnung in Favoriten bewohnt. 1954 kauft er sich in der russisch besetzten Zone in Sittendorf ein baufälliges Haus, einen „Alterssitz", der ihn an seine Jugend in Starý Petřín erin-nert. Es ist ihm nicht vergönnt, hier in ruhiger Umgebung eine Geschichte der Gewerkschaftsbewegung zu schreiben. Er stirbt am 28. September 1964 vor dem geplanten Pensionsantritt im 62. Lebensjahr nach zwei Herzinfarkten, gefolgt von einem Hirn-schlag.

Robert Weihs und Rudolf Pöder beim 40-jährigen Dienstjubiläum von
Johann Pölzer in seinem Haus in Sittendorf
Quelle: Archiv der GdG

In seinem letzten gültigen Testament widmet Pölzer der Gewerkschaftsbewegung und allen Vertrauenspersonen folgende, von der
trauernden Witwe dem GdG-Präsidium übermittelten Worte:

*„Auch der Gewerkschaftsbewegung alles Gute und ich habe auch da
eine Bitte: Werdet nicht hochmütig! Danke an alle, die mir gut ge-
sinnt waren."*

Er wünscht sich eine einfache Totenfeier ohne Ansprachen. Das
Geld für Kranzspenden soll nach seinem Willen der „Volkshilfe
Favoriten" oder dem „Verein Arbeiterhilfe" überwiesen werden.

Am 1. Oktober 1964 versammeln sich im Wiener Krematorium
prominente Trauergäste: Bundespräsident Dr. Adolf Schärf, der
zweite Nationalratspräsident Ingenieur Karl Waldbrunner, die
Minister Bruno Kreisky, Otto Probst und Anton Proksch, Bür-

germeister Franz Jonas, ÖGB-Präsident Anton Benya, Arbeiter-
kammer-Präsident Wilhelm Hrdlitschka. Außerdem nehmen
noch viele Vertrauensleute der SPÖ und Freunde Pölzers aus den
Betrieben an der Totenfeier teil. Nach der unvollendeten Sym-
phonie Franz Schuberts werden die sterblichen Überreste des
„Parteikindes" samt dem mit Blumen und rotem Tuch geschmück-
tem Sarg unter den Klängen des „Liedes der Arbeit" in der Feuer-
halle eingeäschert.

Johann-Pölzer-Studentenheim – Eröffnung 1967
XX., Burghardtgasse 23
Quelle: Archiv der GdG

Johann-Pölzer-Straße
X., Per-Albin-Hanson-Siedlung Ost, 7. Bauteil
Quelle: Fritz Keller

QUELLENVERZEICHNIS

Biographien der Familie Pölzer

Die Pölzer Saga; in:
http://www.favoriten.spoe.at/die-poelzer-saga

Pölzer Amalie, geborene Baron (1871–1924)

Quelle: Verein für Geschichte der Arbeiterbewegung

Pölzer Amalie, Erinnerungen; in: Gedenkbuch 20 Jahre österreichische Arbeiterinnnenbewegung – im Auftrag des Frauenreichskomitees hrsg. von Adelheid Popp, Wien 1912, 103–106
Pölzer Amalie; in: Verein für Geschichte der Arbeiterbewegung, Personenarchiv, Lade 22, Mappe 69, 1924–1972
Pölzer Amalie an den „Sehr geehrten Genossen Dr. Adler"; in: Verein für Geschichte der Arbeiterbewegung, Parteistellen-Archiv, Karton 11, Mappe 8/19
Pölzer Amalie; in: Die Frau Nr. 34/ 1925, 1–4
Pölzer Amalie; in: Die Unzufriedene Nr. 2, 13. Dezember 1924, 50

Veritas, Amalie Pölzers Wirken im Gemeinderat, in: Die Frau Nr.
    34/ 1925, 2–5
Pölzer Amalie; in: Österreichisches Biographisches Lexikon
    1815–1950, hrsg. von der Österreichischen Akademie der Wis-
    senschaften, Bd. 8, Lfg. 37, 1980, 142
Eine Trauerfeier; in: Die Frau, Nr. 34/1925

Pölzer Johann sen. (1872–1934)

Quelle: Verein für Geschichte der
Arbeiterbewegung

Favoritens Vertrauensmann – Johann Pölzer 60 Jahre alt; in: Ar-
    beiter-Zeitung, 29. Jänner 1932
Fellinger Hans, Johann Pölzer; in: Norbert Leser (Hrsg.), Werk
    und Widerhall – Große Gestalten des österreichischen Sozia-
    lismus, Wien 1964, 191ff.
Hannak Jacques, Der Pölzer-Schani – Lebensbild eines Volks-
    mannes, Wien 1966
Magaziner Alfred, Johann Pölzer – ein Keuschlerbub aus Mäh-
    ren; in: Alfred Magaziner, Die Wegbereiter – Aus der Geschich-
    te der Arbeiterbewegung, Wien 1975

Poelzer Johann (1872–1934); in: Georges Haupt/ Jean Maitron (Hrsg.), Dictionnaire biographique du mouvement ouvrier international, Paris 1971, 230

Pölzer Johann; in: Wolfgang E.Oberleitner (Hrsg.), Politisches Handbuch Österreichs 1945–1980, Wien 1981

Pölzer Johann, Die erste Nummer der Arbeiter-Zeitung, in: Arbeiter-Zeitung, 1. Jänner 1925

Pölzer Johann; in: Felix Czeike, Historisches Lexikon Wien, Wien 1995, Bd. 4, 574

Pölzer Johann sen.; in: http://de.wikpedia.org/wiki/Johann_ P%C3%B6lzer_senior

Pölzer Johann sen.; in: http://www.dasrotewien.at/page.php?P=11103 im Weblexikon der Wiener Sozialdemokratie

Pölzer Johann sen.; in: http://www.parlament.gv.at/cgi-bin/visitenkarte?1241

Der Pölzer-Schani – Favoritens populärster Mann; in: Das kleine Blatt, 11. Dezember 1927

Der Pölzer-Schani; in: Arbeiter-Zeitung, 18. April 1946

Renner Karl, An der Wende zweier Zeiten – Lebenserinnerungen, Erster Band, Wien 1946, 256–66

Renner Karl, Der Pölzer-Schani; in: Arbeiter-Zeitung, 24. April 1949, 5

Sein Name lebt fort wie eine Heldensage; in: Archiv des Vereins für die Geschichte der Arbeiterbewegung, Nr. 1 und 2/1972

Amalie Strauss-Ferneböck geborene Pölzer (1899–1987)

Leopoldine Deutsch-Renner; in: Norbert Leser, Grenzgänger, Bd. II, Wien-Köln-Graz 1982, 50ff.

Nasko Siegfried (Hrsg.): Karl Renner in Dokumenten und Erinnerungen, Wien 1982

Alois Pölzer (1897 –1957)

Alois Pölzer
Quelle: 25 Jahre Versicherungsanstalt
der Eisenbahner, Wien 1972

Alois Pölzer; in: Verein für Geschichte der Arbeiterbewegung,
Lade 22, Mappe 69

Alois Pölzer; in: Tätigkeitsbericht 1945–1947 und Stenographi-
sches Protokoll des Ersten Kongresses des Österreichischen
Gewerkschaftsbundes, Wien 1948

Alois Pölzer; in: Versicherungsanstalt der Eisenbahner (Hrsg.),
25 Jahre Versicherungsanstalt der österreichischen Eisenbahnen – Ein Jahr integrierte Datenverarbeitung, Wien 1972

Johann Pölzer jun. (1903–1964)

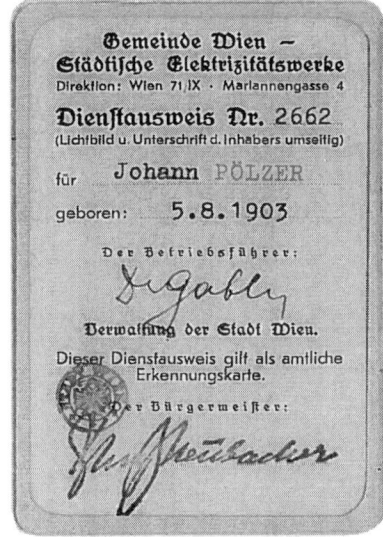 

Dienstausweis Johann Pölzer
Quelle: Personalakt der Wiener Städtischen Elektrizitätswerke

Knecht Gerti: Brief an „Meine lieben großen und ganz großen Pölzers" vom 9. März 1977; in: Archiv Familie Pölzer

Pölzer Johann; in: Archiv des Österreichischen Gewerkschaftsbundes

Pölzer Johann; in: Archiv der Sozialdemokratischen Partei Österreichs – Bezirksorganisation Favoriten Gewerkschaftstages, Blatt 266/1–268/3

Pölzer Johann; in: Erwin H. Aglas (Hrsg.), Die zweite österreichische Republik und ihre Repräsentanten, Wien-Linz 1960, S. 29–30

Poelzer Johann (1903–1963); in: Georges Haupt/ Jean Maitron (Hrsg.), Dictionnaire biographique du mouvement ouvrier international, Paris 1971, 231

Pölzer Johann; in: http://www.dasrotewien.at/poelzer-johann.htlm

Johann Pölzer Johann; in: http://de.wikipedia.org/wiki/Johann_P%C3%B6lzer_junior
Weihs Johann; in: Auszug aus dem Protokoll des 5.
25.4.1949: Wien ehrt Johann Pölzer; in: httpp://www.magwien.gv.at/ma53/45jahre/1949/0049.htm

Quelle: Der Gemeindebedienstete, Nr. 664/1963

Verwendete Literatur und Archivmaterial

Vor 1918

Deutsch-Renner Leopoldine; in: Norbert Leser, Grenzgänger – Österreichische Geistesgeschichte in Totenbeschwörungen, Wien-Köln-Graz 1982, Bd. II, 50ff.

Pölzer Amalie, Der Anschluss der Frauen an die politischen Vereine; in: Arbeiterinnen-Zeitung, Nr. 19, 12. September 1911, 5–6

Pölzer Amalie, Die Lage der Weissnäherinnen; in: Arbeiterinnen-Zeitung – Sozialdemokratisches Organ für Frauen und Mädchen, Nr. 26, 25. Dezember 1906

Pölzer Amalie, Was fordern die Arbeiterinnen Österreichs – Bericht über die zweite Konferenz der sozialdemokratischen Frauen Österreichs, abgehalten zu Wien am 8. November 1903, Wien 1903

Pölzer Amalie, Witwen- und Waisenversorgung; in: Arbeiterinnen-Zeitung, Nr. 12, 6. Juni 1911, 4

Pölzer Amalie, Zur Diskussion über die politische Frauenorganisation; in: Arbeiterinnen-Zeitung – Sozialdemokratisches Organ für Frauen und Mädchen, Nr. 17, 26. August 1913

Victor Adlers Aufsätze, Reden und Briefe, hrsgg. vom Parteivorstand der Sozialdemokratischen Arbeiterpartei Deutschösterreichs, Zweites Heft (Victor Adler vor Gericht) Wien 1923, 218ff. (Prozess wegen Berichterstattung über das Elend der tschechischen Ziegeleiarbeiter)

Beim Einbruch der Polizei ins Favoritner Arbeiterheim, in: ebenda, 342ff.

Ein unbekannter Vortrag von Clara Zetkin in Wien; in: Mitteilungsblatt der Alfred Klahr Gesellschaft, Nr. 1/ 2008

Protokoll der Verhandlungen des Parteitages der Deutschen Arbeiterpartei Österreichs vom 19. bis 24. Oktober 1917, 157ff. (Wortmeldung Pölzer)

Was fordern die Arbeiterinnen Österreichs? – Bericht über die
zweite Konferenz der sozialdemokratischen Frauen Öster-
reichs, abgehalten zu Wien am 8. November 1903, Wien 1903
Unsere Frauenfriedensversammlung; in: Arbeiterinnen-Zeitung
– Sozialdemokratisches Organ für Frauen und Mädchen, 30.
Jänner 1917

1918 – 1934

Pölzer Amalie, 16. Februar!; in: Die Wählerin, 13. Februar 1919
Pölzer Johann, Eine Abrechnung mit den Bauernbündlern; in:
Volksbote, Nr. 50, 16. Dezember 1922
Pölzer Johann, Der Wohnungsrobot der Inwohner; in: Arbei-
ter-Zeitung, 27. September 1923
a.b. [d.i. Amalie Pölzer/ Baron], Die Näherin; in: Die Frau, 20.
Dezember 1924
Pölzer Johann, Das Weingesetz; in: Arbeiter-Zeitung, 18. Juni
1925
Pölzer Johann, Das Inlandarbeiterschutzgesetz; in: Arbeiter-Zei-
tung, 20. Dezember 1925

Das Amalienbad wird heute eröffnet; in: Arbeiter-Zeitung Nr.
186/ 8. Juli 1926
Das Bad im Proletenviertel; in: Arbeiter-Zeitung, Nr. 187/ 9. Juli
1926
Das städtische Amalienbad; in: Neue Freie Presse, 8. Juli 1926
Das neue Bad in Favoriten; in: Reichspost – Unabhängiges Tag-
blatt für das christliche Volk, 8. Juli 1926

Bericht des Angest.[ellten] Betriebsrates über den Demonstrationszug am 15. Juli 1927: in: Archiv von Wien-Energie
Braunthal Julius, Die Wiener Julitage 1927, Wien 1927

Konrad Helmut, Der 12. Februar 1934 in Österreich – Der 12. Februar 1934 70 Jahre danach; in: Verein für Geschichte der Arbeiterbewegung, Dokumentation 1/ Wien 2004

Gottgetreu Erich, Aufregende Fahrt ins beruhigte Wien; in: Friedrich G. Kürbisch (Hrsg.), Dieses Land schläft einen unruhigen Schlaf – Sozialreportagen 1918–1945, Berlin 1981, 85ff,

Weissbuch herausgegeben von der Polizeidirektion in Wien – Ausschreitungen in Wien am 15. und 16. Juli 1927, Wien Oktober 1927

1934 – 1938

Strafsache Otto Bauer und Genossen im Landesgericht für Strafsachen 1934, Einvernahmen Pölzer Johann sen.; in: Wiener Stadt- und Landesarchiv, Bd. II/1666/34:
- Niederschrift aufgenommen mit Johann Pölzer, ehemaliger Nationalrat am 2. März 1934
- Beschuldigten-Protokoll am 7. März 1934 in der „Herzstation"
- Pölzer Johann sen., Bestätigung über das Ableben vom 8. Mai 1934

Pölzer Johann sen., in: Wien Bibliothek, TB 037992:
- Bezirks-Polizeikommissariat Alsergrund, Amtsarzt am 3. März 1934
- Niederschrift über Hausdurchsuchung am 25. März 1934

Pölzer Johann; in: Arbeiter-Zeitung, Nr. 10/ 30. April 1934

Personalakt Johann Pölzer jun. der Wiener Städtischen Elektrizitätswerke:
- Rückersatz der Pensionsbeiträge am 21. Februar 1934 wegen Auflösung des Dienstverhältnisses
- Vollmacht Franziska Pölzer vom 16. August 1934 zur Behebung der Pensionsbeiträge

- Schadenersatzvorschreibung und Freigabe eines Teilgutha-
  bens – Bescheid vom 5. August 1934, Zahl 1052/10/34 Res: S.D.
- Anfrage an den Leiter der Verwaltungsgruppe VIII vom 4. Juni
  1934 über Johann Pölzer, Facharbeiter, Betriebsratsobmann
  des Kraftwerks Engerthstrasse

Hantschk, Dr., B.K.A. [Bundeskanzleramt] teilt mit: Bundeskanzler Dr. Dollfuß habe die Anregung gegeben, die E-Werke
in Simmering nicht zu stürmen, sondern übefallsartig zu vergasen, damit die Arbeiter keine Gelegenheit hätten, die Maschi-
nen zu zerstören. Herrn Präsidenten gemeldet, Dr. Sturminger
mp. (DÖW 5923)

Günter Hans, Vizedirektor der städtischen Gaswerke, Nieder-
schrift am 12. April 1934, in: Landesgericht für Strafsachen
1934, Strafsache Otto Bauer und Genossen (Wiener Stadt- und
Landesarchiv, Bd. IX/ 1666/34).
Hartl Karl, Magistratsdirektor in Pension, Teilabschrift aus dem
Polizeiprotokoll ohne Datum; in: ebenda.
Jonas Rudolf, Vizedirektor der städtischen E-Werke, Nieder-
schrift vom 12. April 1934; in: ebenda.

Die städtischen Betriebe; in: Wiener Zeitung, 14. Februar 1934

Verein für Geschichte der Arbeiterbewegung, SPÖ 1934–1945,
Karton 3/ Tasche 3:
Telephonische Mitteilung durch Unbekannten zum Schutzbund-
prozess – Bundespolizeidirektion Wien vom 9. April 1935
Polizeibericht „Der Februaraufruhr in Wien"

Bindreiter Hilde, Die Nacht der großen Angst; in: Arbeiter-Zeitung 21. Februar 1974 (So erlebte ich den 12. Februar 1934)

Schiller Hans, Es ist zu keinen Kampfhandlungen gekommen; in: http:/www.doew.at/service/archiv/eg/schiller1.htlm
Schiller Hans, Im Schneeballsystem; in: http://www.doew.at/service/eg/schiller2.htlm

Verein für Geschichte der Arbeiterbewegung, Korrespondenz Pölzer jun. mit Karl Heinz (Alös-Korrespondenzen, Karton 11, vormals Mappe 147–149, jetzt Mappe 3, Korr. M-R):
Brief Heinz vom 6. März 1934
Brief Heinz vom 26. April 1934
Brief Pölzer jun. vom 17. Juni 1934
Brief Pölzer jun. vom 27. Juni 1934

Bezirkspolizeikommissariat Favoriten R 2/b 19/34, 9. März 1934

Verzeichnis der Bewohner von städtischen Hausbauten, welche sich an den Ausschreitungen im Februar 1934 in Wien beteiligt haben oder im Zusammenhang mit diesen Ereignissen belastet erscheinen (DÖW 5790/d
Verzeichnis der anlässlich der Februarrevolte beim Landesgericht für Strafsachen II in Haft befindlichen Personen (Einlieferungsdatum: 15. Februar bis 22. März 1934) / (DÖW 5681)

Polizeidirektion in Wien – Sicherheitsbüro
Polizeiabteilung bei der Staatsanwalt Wien I, Politische Häftlinge/ Februarrevoltanten (DÖW 5682)

Kammer für Arbeiter und Angestellte Oberösterreich (Hrsg.), Österreicher im Exil, Linz o.J.

Stadler Karl R., Opfer verlorener Zeiten – Geschichte der Schutzbundemigration 1934 (mit einem Vorwort von Bruno Kreisky), Wien 1974
Florian Hedorfer, in: http:das rote wien.at/hedorfer-florian.htlm

1938 – 1945

Personalakt der Wiener E-Werke:
- Johann Pölzer – Ansuchen um Wiedereinstellung in den Dienst des städtischen Elektrizitätswerkes vom 25. März 1938
- Fragebogen über Zugehörigkeit zu politischen Organisationen und jüdische Eltern oder Großeltern vom 16. September 1938
- Erklärung über die Bestimmungen der Verordnung über Hochverrat und Landesverrat im Lande Österreich von Johann Pölzer am 20. September 1938
- Zuteilung des Schlossers Johann Pölzer zu Schanzarbeiten in der Steiermark am 3. November 1944

Familien-Archiv Pölzer:
- Johann Pölzer, Facharbeiter – Bericht M.U.Dr. Wirth vom 2. August 1939 über Aufenthalt in Heilanstalt Pro Patria – Piestany
- Johann Pölzer, Facharbeiter – Unfallbericht vom 18. Dezember 1941 über Brandwunde II. Grades, Nr. 258/41

Neu- und Wiedereinstellungen bei den Wiener städtischen Elektrizitätswerken; in: Amtsblatt der Stadt Wien, Nr. 28/ Anfang Juli 1938
Personalangelegenheiten; in: Die Gemeindeverwaltung der Stadt Wien im Jahre 1938 – Verwaltungsbericht, Wien 1941, 47

Bernasek Richard, Die Tragödie der Österreichischen Sozialdemokratie; in: freidenkerin, Nr. 02/ Wien 2006 (Auszüge – vollständiges Original veröffentlicht vom KP-Verlag Universum-Bücherei Zürich 1934).
Botz Gerhard, Nationalsozialismus in Wien – Machtübernahme, Herrschaftssicherung, Radikalisierung, Wien 2008
Kykal Inez/ Stadler Karl R., Richard Bernaschek – Odyssee eines Rebellen, Wien 1976

Manfred Marschalek (Hrsg.), Untergrund und Exil – Österreichs
    Sozialisten zwischen 1934 und 1945, Wien 1990
Schiller Hans, Mit Musik und Klimbim ins Werk hinein; in: htt-
    ps://www.doew.at/service/archiv/eg/schiller3.htlml

Nach 1945

Pöder Rudolf, Der Schani! in: Wir schreiben Geschichte 1945–
    1995 – Die Geschichte der Gewerkschaft der Gemeindebe-
    diensteten, Wien 1995, 102

Personalakt Johann Pölzer jun. der Wiener Städtischen Elektrizi-
    tätswerke:
*   1. September 1946 – Übernahme in den Personalstand der
    E-Werke.
*   6. Oktober 1946 – Definitiv-Stellung.
*   27. September 1964 – tatsächliches Ableben.
*   1. Oktober 1964 – geplanter Pensionsantritt.

Pölzer Johann; in: Tätigkeitsbericht 1945 – 1947 und Stenografi-
    sches Protokoll des Ersten Kongresses des Österreichischen
    Gewerkschaftsbundes, Wien 1948

Pölzer Johann, Grundsätzliche Ergebnisse; in: Der Gemeindebe-
    dienstete, Nr. 8/ August 1946
Pölzer Johann, Kampf um die Betriebsdemokratie; in: Der Ge-
    meindebedienstete, Nr. 9–10/ September–Oktober 1946
Pölzer Johann; Eine Tat von historischer Bedeutung; in: Der Ge-
    meindebedienstete, Nr. 11–12/ November–Dezember 1946
Pölzer Johann, Immer vorwärts und nicht vergessen; in: Der Ge-
    meindebedienstete, Nr. 1–2/ Februar 1947
Pölzer Johann, Aktuelle Fragen des Gewerkschaftslebens; in: Der
    Gemeindebedienstete, Nr. 16/ April 1947

Pölzer Johann, Aktuelle Gewerkschaftsfragen; in: Der Gemeindebedienstete, Nr. 21/ September 1947

Pölzer Johann, Wo halten wir? in: Der Gemeindebedienstete, Nr. 1/ Jänner 1948

Pölzer Johann (= J.P.), Unserem Bürgermeister Körner zum 75. Geburtstag; in: Der Gemeindebedienstete, Nr. 1/ Jänner 1948

Pölzer Johann, Unsere nächsten Aufgaben; in: Der Gemeindebedienstete, Nr. 9/ September 1948

Johann Pölzer, Unsere aktuellen Probleme; in: Der Gemeindebedienstete, Nr. 10/ Oktober 1948

Pölzer Johann, Zum dritten Lohn-Preisabkommen; in: Der Gemeindebedienstete, Nr. 5/ Mai 1949

Pölzer Johann, Unter Dach und Fach; in: Der Gemeindebedienstete, Nr. 7–8/ Juli–August 1949

Pölzer Johann, Die Schicksalsfragen der österreichischen Gewerkschaftsbewegung; in: Der Gemeindebedienstete, Nr. 127 Dezember 1949

Pölzer Johann, Probleme, die wir bald lösen müssen; in: Der Gemeindebedienstete, Nr. 3/ März 1950

Pözer Johann, Karl Seitz zum Gedächtnis; in: Der Gemeindebedienstete, Nr. 3/ März 1950

Pölzer Johann, Rudolf Stonner zum Gedächtnis; in: Der Gemeindebedienstete, Nr. 4/ April 1950

Pölzer Johann in der Sitzung des Wiener Gemeinderates vom 9. Juni 1950; in: Der Gemeindebedienstete, Nr. 6/ Juni 1950

Pölzer Johann, Unser Wort zu den Personalvertretungswahlen; in: Der Gemeindebedienstete, Nr. 12/ Dezember 1950

Pölzer Johann, Der Konferenz der Landesgruppe Wien zum Gruß; in: Der Gemeindebedienstete, Nr. 1–2/ Jänner–Februar 1951

Pölzer Johann, Unser Lohnkampf; in: Der Gemeindebedienstete, Nr. 7–8/ Juli–August 1951

Pölzer Johann, Der mühsame Weg; in: Der Gemeindebedienstete, Nr. 11–12/ November–Dezember 1951

Pölzer Johann, Hände weg von unserer Gewerkschaft! In: Der Gemeindebedienstete, Nr. 9–10/ September–Oktober 1952

Pölzer Johann, Unser Zwischenbericht über die Bezugsregelung; in: Der Gemeindebedienstete, Nr. 4–5/ April–Mai 1953

Pölzer Johann, Leopold Kunschak zum Gedenken; in: Der Gemeindebedienstete, Nr. 4–5/ April–Mai 1953

Pölzer Johann, Das Ergebnis; in: Der Gemeindebedienstete, Nr. 6/ Juni 1953

Johann Pölzer, Probleme, die gelöst werden müssen; in: Der Gemeindebedienstete, Nr. 9–10/ September–Oktober 1953

Pölzer Johann, Der Wiener Landeskonferenz zum Gruss; in: Der Gemeindebedienstete, Nr. 5/ Mai 1954

Pölzer Johann, Unsere kommenden Aufgaben; in: Der Gemeindebedienstete, Nr. 7/ Juli 1954

Dem Gewerkschaftstag zum Gruß; in: Der Gemeindebedienstete, Nr. 1–2/ Jänner–Februar 1955

Pözer Johann, Der 14te Monatsbezug – Unsere Forderung! In: Der Gemeindebedienstete, Nr. 2–3/ Februar–März 1955

Pölzer Johann, Unser Programm; in: Der Gemeindebedienstete, Nr. 2–3/ Februar–März 1955

Pölzer Johann, 10 Jahre Gewerkschaft der Gemeindebediensteten; in: Der Gemeindebedienstete, Nr. 5/ Mai 1955

Pölzer Johann, Unser Kampf um das neue Besoldungsrecht; in: Der Gemeindebedienstete, Nr. 1–2/ Jänner–Februar 1956

Pölzer Johann, Nicht verwirtschaften! in: Der Gemeindebedienstete, Nr. 3/ Mai 1960

Pölzer Johann, Probleme des öffentlichen Dienstes; in: Der Gemeindebedienstete, Nr. 7/ Juli 1961

Pölzer Johann, Die staatserhaltende Politik der Gewerkschaft; in: Der Gemeindebedienstete, Nr. 5/ Mai 1962

Pölzer Johann, Das Dienstrecht des Bundes, der Länder und der Gemeinden; in: Die Enquete der vier Gewerkschaften des öffentlichen Dienstes 10, bis 13. Jänner 1955

Pölzer Johann, Unser Weg, unser Ziel; in: Der Sozialist im Gemeindedienst – Welt der Arbeit, Nr. 1/ 18. Jänner 1952

Pölzer Johann, Der Arbeit allein gebührt der Sieg; in: Der Sozialist im Gemeindedienst – Welt der Arbeit, Nr.3/ März 1953

Pölzer Johann, Pflicht zur Wahrheit; in: Der Sozialist im Gemeindedienst – Welt der Arbeit, Nr. 5/ Mai 1953

Pölzer Johann, Die Rufmörder von der WdU; in: Der Sozialist im
Gemeindedienst – Welt der Arbeit, Nr. 5/ Mai 1953

Pölzer Johann, Mit uns das Volk – Mit uns der Sieg; in: Der Sozialist im Gemeindedienst – Welt der Arbeit, Nr. 4/April 1954

Bericht über die Enquete; in: Der Sozialist im Gemeindedienst –
Welt der Arbeit, Nr. 2/ Februar 1955

Pölzer Johann, Kindheits- und Jugenderinnerungen an Dr. Victor
Adler ; in: Der Sozialist im Gemeindedienst – Welt der Arbeit,
Nr. 2/ Februar 1955

Johann Pölzer – Ein Sechziger; in: Arbeiter-Zeitung, 3. August
1963

Pölzer Johann, Ein populärer Gewerkschafter scheidet; in: Der
Gemeindebedienstete Nr. 6/ Juni 1963

Johann Pölzer erhielt die Johann-Böhm-Plakette; in: Gewerkschaftlicher Nachrichtendienst, Nr. 1219/ 16. Mai 1964

Ehrenmedaille in Gold für Johann Pölzer überreicht; in: Rat-
haus-Korrespondenz, 22. Oktober 1964 (Blatt 2782)

Abschied von Johann Pölzer; in: Arbeiter-Zeitung, 2. Oktober
1964

Abschied von Johann Pölzer – Er war einer unserer Besten; in:
Der Gemeindebedienstete, Nr. 10/ 1964

Zum Gedenken an den „Pölzer Schani"; in: Der Gemeindebedienstete, Nr. 9/ September 1974

Johann Pölzer gestorben; in: Sozialistische Korrespondenz, 28.
September 1964

Johann Pölzer gestorben; in: Arbeiter-Zeitung, 29. September 1964

Johann Pölzer gestorben; in: APA vom 28. September 1964

Johann Pölzer; in: Arbeit und Wirtschaft, Nr. 11/November 1964

Der „Pölzer" Schani ist nicht mehr; in: Gewerkschaftlicher Nachrichtendienst, Nr. 1239/ 3. Oktober 1964

Wir trauern um Johann Pölzer; in: Der Vertrauensmann, Nr. 11/ November 1964

Johann Pölzer gestorben; in: Welt der Arbeit, Folge 126/ 5. Oktober 1964

Das „Johann Pölzer – Studentenheim" der Gewerkschaft der Gemeindebediensteten; in: http:/poelzer.wordpress.com/

Der gemeinsame Abschluss; in: Der Gemeindebedienstete, Nr. 9–10/ September–Oktober 1950

Programm auf lange Sicht; in: Der Gemeindebedienstete, Nr. 2–3/ Februar–März 1955

10 Jahre Gewerkschaft der Gemeindebediensteten; in: Der Gemeindebedienstete, Nr. 5–6/ Mai–Juni 1955

Vorsicht in der Preispolitik!; in: Solidarität, Nr. 246–248/ August–September 1955

Das Aktionsprogramm des ÖGB; in: Der Gemeindebedienstete, Nr. 10–11/ Oktober–November 1955

Schiller Hans, Wie war das damals? in: Der Gemeindebedienstete, Nr. 10/1987

Schiller Hans, Wie war das damals? in: Der Gemeindebedienstete, Nr. 11/1987

Schiller Hans, Wir müssen die Sprengung verhindern! in: http:// www.doew.at/service/archiv/eg/schiller4.htlm

Sekundärliteratur

Bilder einer Ausstellung – 75 Jahre Amalienbad; in: Verein für
  Geschichte der Arbeiterbewegung – Dokumentation 3/2002
Braunthal Julius (Hrsg.), Die Arbeiteräte in Deutschösterreich –
  Ihre Geschichte und ihre Politik, Wien 1919
Bruckner Winfried/ Horak Kurt, Der große Prozess, Wien o.J
Geheimer Briefwechsel zwischen Mussolini und Dollfuss – Mit
  einem Vorwort von Adolf Schärf, Wien 1949
Farthofer Walter, Tramway – Geschichte(n (Wiener Strassen-
  bahner im Kampf gegen den grünen und braunen Faschismus),
  Wien 2013
Grieder-Bednarik Rosi, Leben im Dorf – Dorf(an)sichten – Ein
  Spaziergang über die Gegenwart in die Zukunft, Wien 2007
Herlitzka Ernst K., Zur Geschichte der sozialdemokratischen Be-
  zirksorganisation Favoriten – Die ersten 40 Jahre (1894–1934);
  in: Archiv – Mitteilungsblatt des Vereins für Geschichte der
  Arbeiterbewegung, Heft 1/ Jänner–März 1975
Herlitzka Ernst K., Zur Geschichte der sozialdemokratischen Be-
  zirksorganisation Favoriten – Unter dem Kruckenkreuz (1934–
  1938); in: Archiv – Mitteilungsblatt des Vereins für Geschichte
  der Arbeiterbewegung, Heft 4/ Oktober–Dezember 1976
Henisch Peter, Baronkarl – alte und neue Peripheriegeschichten,
  Weitra 1992
Hirsch Bettina (Hrsg.), Anton Proksch und seine Zeit, Wien 1977
Hofbauer Hannes, Westwärts – Österreichs Wirtschaft im Wie-
  deraufbau, Wien 1992
Kerekes Lajos, Abenddämmerung einer Demokratie – Mussolini,
  Gömbös und die Heimwehr, Wien 1966
Konnert Wilfried, Favoriten im Wandel der Zeit, Wien 1974
Lauber Wolfgang, Wien – Ein Stadtführer durch den Widerstand
  1934–1945, Wien 1988
Mähr Wilfried, Der Marshallplan in Österreich, Graz-Wien-Köln
  1989

Neugebauer Wolfgang, Bauvolk der kommenden Welt – Geschichte der sozialistischen Jugendbewegung in Österreich, Wien 1975

Maier Michaela, Editorial; in: Verein für Geschichte der Arbeiterbewegung – Dokumentation 1–2/2012

Pellar Brigitte: Missbrauchte WanderarbeiterInnen; in: Arbeit und Wirtschaft 5/2011, Historie 11

Prost Edith (Hrsg.), Die Partei hat mich nie enttäuscht – Österreichische Sozialdemokratinnen, Wien 1989

Schefbeck Günther (Hrsg.), Österreich 1934 – Vorgeschichte, Ereignisse, Wirkungen, Wien 2004

Schubert Werner, Favoriten, Wien 1992

Stary Petrin – Historicky vyvoj vesnice

Vlcek Christine, Der Republikanische Schutzbund in Österreich, phil. Diss., Wien 1971

Wonisch Regina, Zur Geschichte der Wiener Tschechen; in: Verein für Geschichte der Arbeiterbewegung – Dokumentation 1–2/2012.

Sinclair Upton, Jimmie Higgins, in: http://nemesis.marxists.org/sinclair-jimmie.higgins1.htm

90 Jahre Wiener Elektrizitätswerke – Die Stromversorgung für Wien und Umgebung im Spannungsfeld von Politik und Gesellschaft, Wien 1992

Arbeiterheim Favoriten; in:

Wien wirklich – Ein Stadtführer durch den Alltag und seine Geschichte, Wien 1983, 199ff. (Favoriten)

Kluger Josef Hermann, Festschrift zum fünfzigjährigen Bestand der stadteigenen Elektrizitätswerke Wiens, 8. April 1952 – Ein halbes Jahrhundert kommunale Elektrizitätsversorgung einer Großstadt 1902–1952, Wien 1952

http://de.wikipedia.org/wiki/Amalienbad

http://de.wikipedia.org/wiki/Arbeiterheim_Favoriten

http://www.dasrotewien.at/arbeiterheim-favoriten.htlm

http://www.favoriten.spoe.at/favoriten-ein-bezirk-ohne-vergangenheit

Aussprache mit Major Chamentoff am 11. April 1946; in: Verein für Geschichte der Arbeiterbewegung, SPÖ Wien, Bezirksorg. Favoriten 1946–1960, II

Das Favoritner Arbeiterheim; in: SPÖ–Vertrauensmann, Nr. 10/ Oktober 1951

1902–1952 50 Jahre Arbeiterheim Favoriten, Nr. 10/ Oktober 1952

Gedye G.E.R., Wiener Arbeiterheim von Russen zerstört; in: in: Archiv der Sozialdemokratischen Partei Österreichs – Bezirksorganisation Favoriten

Geschichte des Arbeiterheims – Aufbau und Wiederaufbau des Arbeiterheims; in: in: Archiv der Sozialdemokratischen Partei Österreichs – Bezirksorganisation Favoriten

Pölzer Johann, Verein „Arbeiterheim in Favoriten"; in: Archiv der Sozialdemokratischen Partei Österreichs – Bezirksorganisation Favoriten

Pölzer Johann, Favoritner Arbeiterheim – Kostenaufstellung vom 16. Oktober 1952; in: in: Archiv der Sozialdemokratischen Partei Österreichs – Bezirksorganisation Favoriten

Dokumente

Victor Adlers Strafregister
Quelle: Victor Adlers Aufsätze, Reden und Briefe, hrsgg. vom
Parteivorstand der Sozialdemokratischen Arbeiterpartei
Deutschösterreichs, Zweites Heft (Victor Adler vor Gericht) Wien
1923, 218ff.

Adlers Strafregister.

Dr. Victor Adler wurde verurteilt:

Zahl	Datum	Gericht	Delikt	Strafe	Anmerkung
1	19. Dezember 1887	Polizeidirektion Wien	Polizeiwidriges Verhalten bei einer Versammlung. § 11 kaiserliche Verordnung vom Jahre 1854 (Prügelpatent)	50 Gulden Geldstrafe	
2	13. Dezember 1888	Bezirksgericht Alsergrund	Verbreitung von Zeitungen. § 23 Preßgesetz	30 Gulden Geldstrafe	
3	27. Juni 1889	Landesgericht Wien (Ausnahmegerichtshof)	Aufreizung gegen Behörden usw. §§ 300, 305 St.-G. und Artikel V des Gesetzes vom 17. Dezember 1862	4 Monate strengen Arrest, verschärft durch einen Fasttag und 100 Gulden Kautionsverlust	Haft im Landesgericht Wien bis 21. Juni 1890
4	27. September 1889	Bezirksgericht Margareten	Beleidigung eines Regierungsvertreters. § 312 St.-G.	3 Tage Arrest	Haft im Bezirksgericht Neubau
5	19. September 1891	Bezirksgericht Reichenberg	Beleidigung der Regierungsbehörden. § 491 St.-G. beziehungsweise Artikel V § 23 Preßgesetz	8 Tage Arrest und 50 Gulden Geldstrafe	
6	11. Mai 1892	Bezirksgericht Korneuburg	Einmengung in eine Amtshandlung. § 314 St.-G.	48 Stunden Arrest	Haft im Bezirksgericht Korneuburg

Zahl	Datum	Gericht	Delikt	Strafe	Anmerkung
7	4. De-zember 1892	Landes-gericht Wien	Vergehen gegen das literarische Eigentum. § 467	30 Gulden Geldstrafe	Wegen Ab-drucks des Disziplinar-urteils gegen Landes-gerichtsrat Schmiedel!
8	10. April 1893	Bezirks-hauptmann-schaft Rumburg	Polizeiwidriges Verhalten bei einer Versamm-lung. § 11 kai-serliche Ver-ordnung vom Jahre 1854	30 Gulden Geldstrafe	
9	9. No-vember 1893	Bezirks-gericht Warnsdorf	Uebertretung des Versamm-lungsgesetzes. § 14 Vers.-Ges.	10 Gulden Geldstrafe	
10	28. De-zember 1893	Kreisgericht Böhm.-Leipa	Beleidigung eines Regie-rungsvertreters. § 312 St.-G.	14 Tage Arrest	Haft in den Bezirksgerichten Neubau und Rudolfsheim April 1894 bis 29. Juli 1894
11	18. Jänner 1894	Bezirks-gericht Rudolfsheim	Beleidigung der Regierung u. a. § 491 St.-G. und Artikel V	1 Monat Arrest	
12	17. März 1894	Bezirks-gericht Rudolfsheim	Beleidigung des Reichsgerichts. § 491, Artikel V	1 Monat Arrest	
13	20. August 1894	Landes-gericht Wien	Verbreitung verbotener Druckschriften. § 24 Preßgesetz	50 Gulden Geldstrafe	
14	18. De-zember 1894	Bezirks-gericht Ottakring	Beleidigung einer Behörde. § 491 St.-G. und Artikel V	1 Monat Arrest	Haft im Bezirks-gericht Rudolfsheim 18. April 1894 bis 18. Mai 1894

262   Adlers Strafregister

Zahl	Datum	Gericht	Delikt	Strafe	Anmerkung
15	17. April 1896	Bezirks-gericht Leopoldstadt	Beleidigung von Behörden. § 491 u. Art. V	200 Gulden Geldstrafe	Vom Landes-gericht auf-gehoben
16	10. Dezember 1897	Bezirks-gericht Hernals	Beleidigung der Regierung. § 491 und Artikel V	14 Tage ver-schärften Arrest	Vom Landes-gericht auf-gehoben
17	21. Juli 1899	Landes-gericht Wien	Auflauf. § 284 St.-G.	1 Monat strengen Arrest	Haft im Landes-gericht Wien vom 7. Nov. bis 7. Dez. 1899

Die rechtskräftig gewordenen und von Adler abgebüßten oder be-zahlten Strafen betrugen insgesamt: **8 Monate und 27 Tage Arrest und 2 Tage Untersuchungshaft** (6.–8. Juli 1899), 250 G u l d e n G e l d-s t r a f e und 100 G u l d e n K a u t i o n s v e r l u s t.

Gesamtergebnis:

Siebzehn Verurteilungen; davon wurden z w e i aufgehoben. **Frei-sprüche** erfolgten **neun,** davon vier beim Schwurgericht; z w e i Verurtei-l u n g e n beim Bezirksgericht wurden vom Landesgericht aufgehoben, e i n F r e i s p r u c h ebenfalls aufgehoben und die Verurteilung ausgesprochen; drei bezirksgerichtliche Urteile wurden vom Landesgericht bestätigt, eine Verurteilung bestätigt und die Strafe e r h ö h t.

Von den **eingeleiteten Untersuchungen** wurden **neun** e i n g e s t e l l t.

Kondolenzschreiben Friedrich Adlers nach dem Ableben von Amalie
Pölzer. Quelle: Familien – Archiv Pölzer

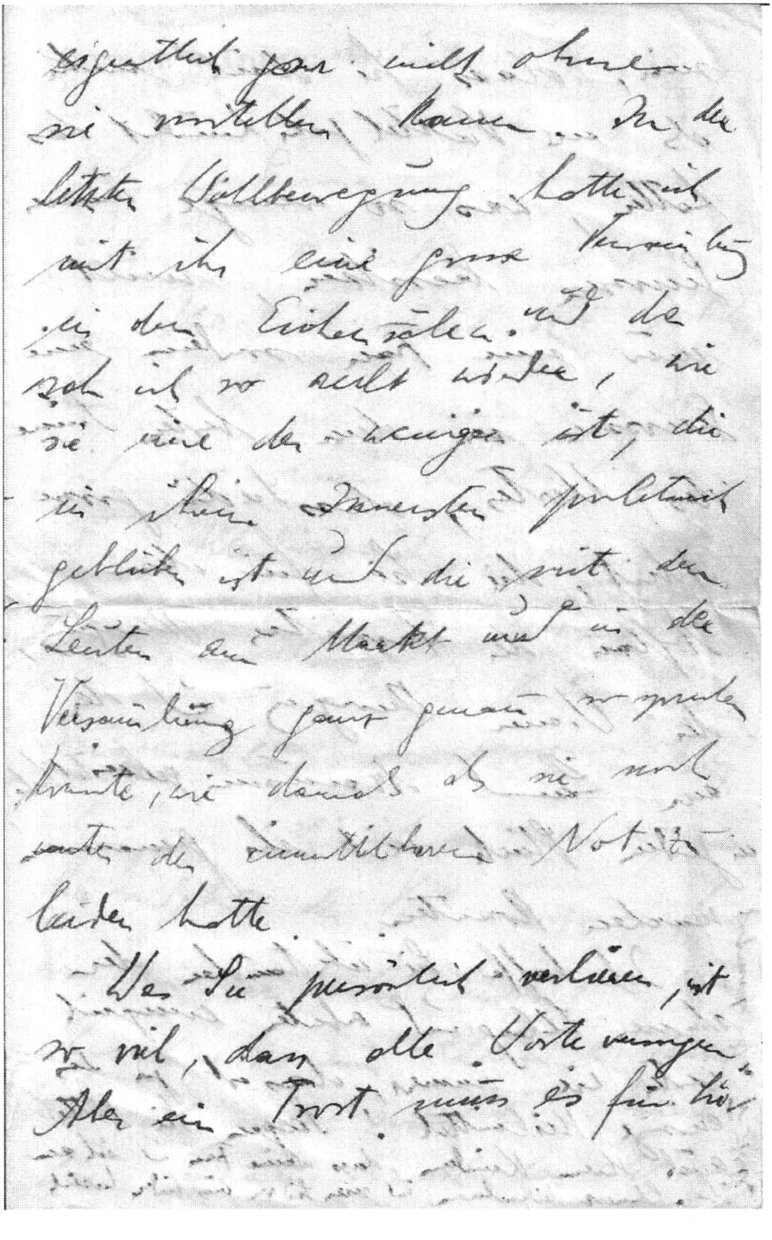

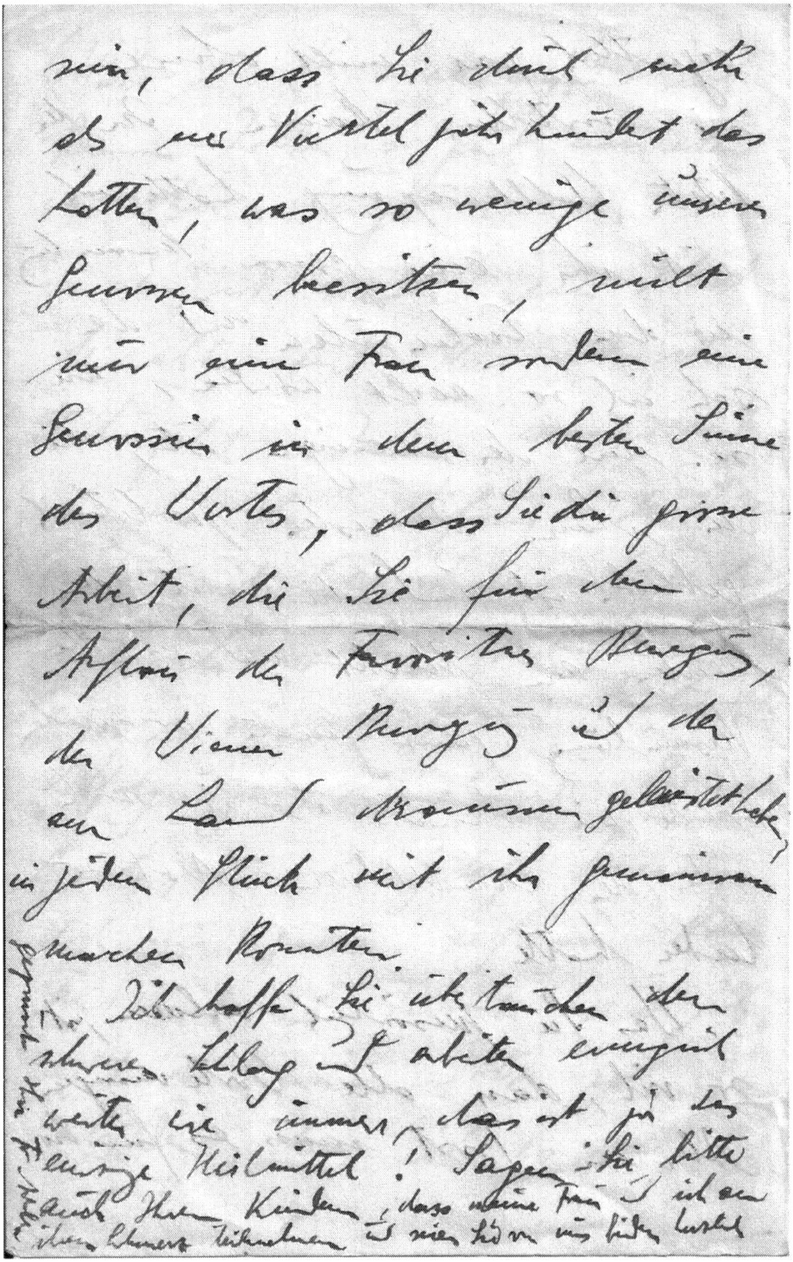
mir, dass Sie doch mehr
als ein Viertel Jahrhundert das
Letzte, was so wenige unserer
Genossen besitzen, nicht
nur eine Frau sondern eine
Genossin in dem besten Sinne
des Wortes, dass Sie die grosse
Arbeit, die Sie für den
Aufbau der Arbeiter Bewegung,
der Wiener Bewegung und der
am Land draussen geleistet habe,
in jedem Stück mit ihr gemeinsam
machen konnten.
Ich hoffe Sie überwinden den
schweren Schlag und arbeiten energisch
weiter wie immer, das ist ja das
einzige Heilmittel! Sagen Sie bitte
auch Ihren Kindern, dass meine Frau und ich an
ihrem Schmerz teilnehmen und wir hören uns bald herzlich
[illegible]

Quelle: Archiv von Wien Energie

B e r i c h t
des Angest.Betriebsrates über den Demonstrationszug
am 15.Juli 1927.

Am 15.Juli, 8 h früh, versammelte sich die Beamtenschaft im Hofe des Direktionsgebäudes nicht ohne Zutun der man.
Arbeiter, die gleichfalls im Hofe anwesend waren, woselbst von
3 Vertretern der Arbeiterschaft und von 1 Vertreter der Beamtenschaft Ansprachen über die Bedeutung des Urteiles im Schatten -
dorfer Prozeß gehalten wurden. Es wurde sodann einstimmig ein
Demonstrationszug über den Ring beschlossen, dessen Abhaltung
Vertreter der Beamtenschaft dem anwesenden Direktions-Vertreter
H.Dr.Viktora und H.Oberinsp.Bablitsch zur Kenntnis brachten.

Die im Hofe Versammelten hatten sich inzwischen zu
einem Zuge formiert und sind während der Zeit, als die Vertre-
ter der Direktion hievon Mitteilung machten, zum Ring abmarschiert
Auf der Alserstraße gliederten sich in den Zug der Obmann der man.
Arbeiterschaft Adelspoller und der Betriebsrats-Obmann der Direktion
Roubal ein; die dem Zuge gefolgten Vertreter der Beamtenschaft
Springinsfeld und Höller gingen gemeinsam mit den beiden Vorge -
nannten an die Tête des Zuges.

Als der Zug zur Universität gelangte, waren deren Tore
geöffnet; davor standen 5 oder 6 anscheinend Kleriker, die in
Verkennung des Ernstes der Situation grinsten; 2 davon konnten
es sich nicht versagen, mit den Händen einige höhnische Gesten
auszuführen. Diese Begebenheit war angesichts der ungeheuren
Erregung, welche in allen Schichten unserer Arbeiter- & Angestell-
tenschaft herrschte, als Herausforderung zu betrachten und es
kam tatsächlich zu einem Auftritt eines Teiles der Versammelten
auf der Rampe der Universität, deren Tore unterdessen geschlossen
wurden.

Die Vertrauensleute hatten es nach kurzer Zeit unter
den größten Anstrengungen mit ihren körperlichen und stimmlichen
Mitteln zustande gebracht, daß die Eingliederung in den auf der
Ringstraße verharrenden Zug wieder vorsichging. In jenem Moment,
als die Ruhe hergestellt war, erschien im Laufschritt, von einem
Seitentrakt der Universität kommend, eine Polizei-Abteilung in
der Stärke von 7 Mann, von denen 3 ohne jedweden Grund, da ja die
Rampe vor dem Tor bereits geräumt war, mit gezogenen Säbel er -
schienen; dies rief natürlich einen neuerlichen Sturm der Ent -
rüstung hervor. Es kam alsbald die 2.Abteilung Wache, geführt
von einem Sicherheitswach-Inspektor, mit welchen seitens der

./.

Vertrauensmänner sofort in Unterhandlung getreten wurde; als
deren Ergebnis versorgte die Wache ihre Waffe. Die Vertrauensleute nahmen sodann neuerdings die Räumung der Rampe vor.

Der Zug marschierte in Ordnung weiter zum Parlament,
das durch eine starke Wacheabteilung geschützt war. Auf Grund
von Verhandlungen mit dem Wachekommandanten (Nr. 7023) zog
sich dieselbe in das Parlament zurück. Die Vertrauensmänner
arrangierten nun den Weitermarsch des Zuges über den Schmerling-
platz zur Lastenstraße, diesen Weg deshalb, weil ringaufwärts
bereits die Arbeiterschaft von Siemens-& Halske herangezogen
kam. Als unser Zug das Parlament passiert hatte, wurde obiger
Wachkommandant hievon in Kenntnis gesetzt und ersucht, den
Dienst vor dem Parlament wieder aufzunehmen, da für welche
Demonstrierende als die Elektrizitäts-Arbeiter und Angestellte
keine Verantwortung übernommen werden konnte. In sehr bewegten
Worten wurde von Seite des Kommandanten den Funktionären des
E.W. der Dank für die Umsicht und Tatkraft ausgesprochen.

Unser Zug bewegte sich in vollkommener Ordnung beim
Justizpalast vorbei, über die Lastenstraße, Josefstädterstraße,
Langegasse, Spitalgasse zum Direktionsgebäude, wo er gegen 10
Uhr vm. eintraf.

Wien, 6.8.1927.

Der berühmte britische Auslands-Korespondent und Verfasser des Buches
„Die Bastionen fielen – Wie der Faschismus Wien und Prag überrannte"
(Wien 1947 und 1981) E.R.Gedye kommentiert die Übergabe des Arbeiter-
heims durch die russische Besatzungsmacht
Quelle: Archiv der Sozialdemokratischen Partei Österreichs –
Bezirksorganisation Favoriten

CABLES: SERVOB LONDON   TELEPHONE: CENTRAL 9486
Observer Foreign News Service
THE OBSERVER LTD · 22 TUDOR STREET · LONDON E C 4

Vienna 1   No. 5286

[Reference; airmailed 28th August]   800 words

For Immediate Release.   5.9.51

VIENNA WORKERS' CENTRE WRECKED BY RUSSIANS

Red Army Hands Back Famous Building In
Chaos After Seven Year Occupation.

FROM: G.E.R. GEDYE.

Vienna...........

Outside a huge grey building in the Vienna industrial and working-class
suburb of FAVORITEN there hangs today a banner which has been missing from it for
17 years. It is a long, scarlet banner, showing on a white circle three arrows
passing through a ring. That is the emblem of the Austrian Social-Democratic Party,
who own this huge Favoriten Worker's Centre (Arbeiterheim), from which they have
been banished for seventeen years. Until their expulsion, it was the seat of almost
all important national and international Socialist conferences in Austria.

The history of the Favoriten Arbeiterheim epitomises half a century of the
trials through which the Vienna socialist movement passed. At the beginning of the
century, the Party was struggling to secure the adoption of universal suffrage
(which came only in 1907) to replace the feudal "class system" of voting that
prevented it from displaying its real strength. From all over the city, workers
subscribed tiny sums, and unions made bigger donations, to establish this worker's
centre. Building began in August 1901, and in September 1902 their great leader,
VICTOR ADLER, formally handed over the Arbeiterheim to the workers whose money
had built it.

Two months later, the Emperor's police, in PICKELHAUBEN and with drawn
sabres, invaded the building and broke up a workers' demonstration for the right to
vote. When this was secured five years later, a marble tablet depicting the
sabre charge was placed in the hall, where it stood until the workers were first
deprived of their property in 1934. In February of that year the Austrian Clerico-

OFNS – Vienna 2.

Fascist "Heimwehr", headed by Chancellor DOLLFUSS, Prince STARHEMBERG and MAJOR FEY, suppressed Parliament, outlawed the Socialist Party and seized all Socialist property. In the Arbeiterheim, their first action was to destroy the record of the sabre-charge against the would-be voters.

But this first of three sets of usurpers who were to keep the workers out of the Arbeiterheim for nearly twenty years did comparatively little damage. The building was turned into a Fascist centre, but the furnishings mostly remained intact. Dr. SCHUSCHNIGG, who succeeded Dollfuss as Chancellor, making an eleventh hour effort to secure Socialist good will in March 1938, promised to restore the building to them, but two days later ADOLF HITLER entered Vienna and turned the building into a Nazi centre. The Nazis stole a grand piano and a small amount of furniture during their occupation, but they also improved the facade. Early in 1945, a bomb damaged the large theatre in the building, and one Russian shell did less damage.

With "Liberation" by the Red Army the Vienna workers eagerly anticipated the restoration of their fine building, still in excellent condition save for the minor war damage. They quickly learned their mistake. The Russians seized it for an army divisional headquarters and for six years they have stubbornly resisted the Socialist Party's efforts to recover its own property. (At first the workers were not even allowed to walk on the pavement outside their centre). Long ago it ceased to be a headquarters of any sort, but it still had a nuisance value, since the hated Social-Democrats were so keen on recovering it. Until last week, therefore, the Russians kept a few troops in it and finally handed over the key only on a promise that they would be paid the full value of improvements made by the Nazis, on the ground that these were "German property".

What confronted the owners when they re-entered the building has to be seen to be believed. Every scrap of movable property has gone. The theatre has been stripped of its seats, the cinema pillaged, offices emptied of chairs, desks and telephones. Even the electric light bulbs are gone, the central heating radiators torn up and removed. The despoiled cinema had been used as a coke cellar. The once well-kept little garden had been made a coal dump and, except for a couple of trees, looked like a refuse tip. Worst of all was the stench which pervaded the whole building. The toilets had been choked up; in many cases the lavatory bowls were

See 3.

OFNS — Vienna 3.

destroyed and the drain pipes filled with bricks. Every room, staircase and corridor had been used indiscriminately in place of the wrecked toilets and piles of human excrement had been left behind.

To remove the traces of Communist "Kulture", to repair war damage and replace the stolen furniture and fittings is going to cost Viennese Socialists between two and four million Schillings (£28,500 - £57,000). These are gigantic sums for Austrian workers in these days of low wages and high prices. An appeal for funds "to make this once again a centre of political and cultural life and a club for the working masses" has been addressed to all Austrian Socialists.

The Socialist losses were to ninety per cent deliberately brought about by the troops of that imperialist Power which is never tired of proclaiming itself to be "the land of Socialism". Before they start the arduous work of the restoration of their property, the owners will doubtless record in photographs for the information of their comrades throughout the world the state in which it was handed back to them.   OFNS COPYRIGHT

—END—

Fritz Keller wurde am 19. Mai 1950 in Wien-Favoriten geboren. Nach Volks- und Mittelschule trat er in den Magistrat der Stadt Wien ein, wo er zunächst im Wohnungs- später im Marktamt tätig war. Als Aktivist der 68er-Bewegung verfasste er neben seiner Tätigkeit als Lebensmittel- und Gewerbepolizist sowie seinen Aktivitäten als Personalvertreter und Gewerkschaftsfunktionär (zuletzt Zentralvorstands-Mitglied der GdG) eine Fülle von Büchern und Artikeln zur Geschichte der ArbeiterInnen- und Jugendbewegungen. Als Mitarbeiter der Österreichischen Historikerkommission war er auch intensiv mit Recherchen über die Verwicklungen der MA 59 in die „Arisierungen" und den Aufbau der Nazi-Kriegswirtschaft befasst. Zur Gewerkschaftsgeschichte hat er folgende Beiträge publiziert:

DIE ARBEITER- UND SOLDATENRÄTE IN ÖSTERREICH 1918-1923 - Versuch einer Analyse Wien 1973 bzw. 1998 (Reprint)

STREIKEN FÜR DIE SOZIALPARTNERSCHAFT – Der Ausstand der Metallarbeiter 1962, in: Wolfgang Maderthaner (Hrsg.): Auf dem Weg zur Macht - Integration in den Staat, Sozialpartnerschaft und Regierungspartei Wien 1992

GLOBAL LABOUR INSTITUTE; in: Wir Gemeindebedienstete (Magazin der Gewerkschaft der Gemeindebediensteten), Februar 1999

GEWERKSCHAFTEN UND KRIEG (Interview mit Silvia Angelo); in: die alternative Nr. 1/Jänner 2002

10 GRÜNDE FÜR DEN GENERALSSTREIK; in: Michael Rosecker/ Bernhard Müller (Hg.): Solidarität – Gesellschaft, Gemeinschaft und Individuum in Vergangenheit, Gegenwart und Zukunft, Wiener Neustadt 2004

Public Services International (Hg.). KAMPF FÜR ÖFFENTLICHE DIENSTE – FÜR EIN BESSERES LEBEN UND EINE BESSERE WELT, Ferney, France 2007 (Übersetzungen: Fighting for public services: better lives, a better world / La lucha por los servicios públicos: vivir mejor en un mundo mejor / Pour les services publics: mieux vivre dans un monde meilleur)

Gewerkschaft der Gemeindebediensteten und Verein für Geschichte der Arbeiterbewegung (Hg.): INTERNATIONALE DER ÖFFENTLICHEN DIENSTE – DIE ERSTEN 100 JAHRE, Dokumentation des VGA Nr. 2-4/Wien 2007

OCCUPY WALLSTREET; in: Exklusiv – Mitglieder-Magazin der der GdG-KMSfB, Frühjahr 2012

RUDOLF PÖDER (1925-2013); in: Exklusiv dabei - Mitglieder-Maganzin der GdG-KMSfB, Sommer 2013

Ausführliche Angaben über Fritz Keller finden sich in WIKIPEDIA.